S'exprimer librement en islam

Du même auteur

Les Politiques en Islam.
Le Prophète, le Roi et le Savant
L'Harmattan, 1998

L'Exception islamique
Seuil, 2004

Une histoire du wahhabisme.
Comment l'islam sectaire est devenu l'islam
Seuil, 2007 et « Points Essais », n° 808, 2016

La Tragédie de l'islam moderne
Seuil, 2011

L'Islam incertain : révolution et islam post-autoritaire
Cérès, Tunis, 2017, prix Uriage de Philosophie et prix du Livre tunisien

HAMADI REDISSI

S'exprimer librement en islam

ÉDITIONS DU SEUIL
57, rue Gaston-Tessier, Paris XIXe

Cet ouvrage est publié dans la collection
« La Couleur des idées »,
créée par Jean-Luc Giribone, Jean-Pierre Dupuy
et Jean-Claude Guillebaud

ISBN 978-2-02-138606-6

www.seuil.com

INTRODUCTION

Une liberté doublement limitée

Les premières caricatures du prophète de l'islam publiées par le journal danois *Jyllands-Posten* en 2005 ont déclenché une polémique mondiale sur la liberté d'expression. Laquelle a pris une tournure dramatique en France avec l'attentat perpétré au début de janvier 2015 contre *Charlie Hebdo* et le magasin Hyper Cacher (17 personnes ont été tuées), puis avec celui du Bataclan le 13 novembre de la même année (on compte 131 morts) et, plus récemment, avec la décapitation de Samuel Paty par un jeune Tchétchène de 18 ans en octobre 2020. L'enseignant avait montré en classe de quatrième, dans le collège où il enseignait, deux caricatures publiées par le même journal satirique. Répondre par l'assassinat à des dessins considérés comme blasphématoires jette l'effroi. Les terroristes voulaient faire taire l'arme de la critique par la terreur et couper court, par le tranchant du couteau, à une discussion éducative entre un précepteur et ses élèves. Voltaire déjà appelait cela le fanatisme, « une folie religieuse, sombre et cruelle », une « peste des âmes », qui tourne en poison « l'aliment salutaire » de la religion[1].

Dans leur immense majorité, les musulmans ont très justement retourné l'argument de la religion contre des exaltés

1. Voltaire, article « Fanatisme », *Dictionnaire philosophique* (1764), Alain Pons (éd.), Paris, Gallimard, coll. « Folio classique », 1994, p. 263-266.

qui s'en prévalaient pour exécuter de supposés décrets divins. On note aussi que le discours majoritaire en France et en Europe évite à raison l'amalgame entre islam et islamisme, pariant sur un « islam des Lumières », tolérant et paisible, à même d'écraser l'« islam des ténèbres », fanatique et belliqueux. Il reste que ces deux positions estimables ne nous apprennent rien sur ce qu'il en est précisément de la libre expression en islam, qui est toujours à la fois religion et civilisation. On risque même d'occulter le *problème*, réel, de la différence, ou non, entre islam et islamisme. Ce livre voudrait contribuer à éclairer à la fois cette ignorance et cette occultation.

On a chargé l'islamisme radical de tous les maux dont souffrent les musulmans aujourd'hui. C'est au fond consolant pour tout le monde. Que dire de plus ? J'avancerais brutalement la thèse suivante : loin d'être isolés, les actes terroristes visant les blasphémateurs et assimilés sont en réalité reliés à un dispositif ample, complexe et liberticide. Hérité des temps médiévaux, ce dispositif a été installé, sinon renforcé, par l'État moderne (quelle qu'en soit la nature) et approuvé par la hiérarchie religieuse, dans une « rivalité mimétique » avec ce qu'on appelle couramment l'« islamisme », perçu de façon simplificatrice comme un islam radicalisé, fondamentaliste et intégriste. C'est l'intuition théorique de cet essai : pour parler de la liberté d'expression en islam, il importe de ne pas se laisser abuser par la tendance à tout imputer à un islamisme mortifère. Mais aussi, en sens inverse, de ne pas charger indûment l'islam tout court d'être « naturellement violent », comme on le lit et l'entend souvent aujourd'hui : l'islam *mainstream* peut être ouvert non seulement à une lecture libérale et laïque des textes fondateurs, mais aussi à une pensée audacieusement irréligieuse.

À propos des caricatures, la libre critique des religions a fait son chemin dans le droit comme dans l'opinion publique : le *délit de blasphème* n'existe pas, ou plus, en France. Le jugement rendu (en 2007) dans l'affaire des caricatures danoises parues dans *Charlie Hebdo* en 2005 le rappelle avec force : « En France, société laïque et pluraliste, le respect de toutes les croyances va de pair avec la liberté de critiquer les religions quelles qu'elles soient[1]. » Le *blasphème* est un terme religieux, que l'État laïc ignore. Tout au plus la loi laïque sanctionne-t-elle l'*injure* à l'encontre d'un groupe de personnes en raison « de leur appartenance à une religion déterminée » ; elle ne le fait pas de l'offense à la religion en tant que telle[2]. Pour clarifier la distinction, rappelons que la tradition libérale n'admet qu'une seule limite aux libertés « absolues et sans réserve » : ne pas nuire à autrui[3]. Sur cette base, Ruwen Ogien considère que seuls les « préjudices » portés aux droits fondamentaux d'autrui doivent être réparés. Les « offenses » aux convictions morales ou religieuses, « crimes sans victimes », n'ont pas à l'être : le philosophe revendique « la liberté d'offenser[4] ». Dans le même esprit, Jeremy Waldron estime que « protéger les gens de l'offense [...], c'est les protéger d'une sorte d'effet sur leurs sentiments » de nature négative, comme éprouver du dégoût ou de la gêne. En revanche, il demande à défendre « la dignité » d'autrui, qui se réfère à un statut indépendant de sa volonté, comme le genre ou la race[5]. Ces distinctions sont pertinentes, mais discutables

1. Jugement du tribunal de grande instance de Paris, 17e ch., 22 mars 2007 (Société des habous et des lieux saints de l'islam et Union des organisations islamiques de France c/Ph. Val, *Légipresse*, n° 242, 2007, p. 123-128) ; http://www.legipresse.com/011-44207-Caricatures-de-Mahomet-non-constitutives-d-injure-religieuse.html

2. Voir la loi n° 72-546 du 1er juillet 1972 relative à la lutte contre le racisme (*JORF* n° 0154 du 2 juillet 1972), dite loi Pleven, amendant les articles 24, 32 et 33 de la loi de 1881 relative à la liberté de la presse.

3. John Stuart Mill, *De la liberté* (1859), trad. fr. L. Langlet, Chicoutimi, université du Québec à Chicoutimi, « Les classiques des sciences sociales », 2002, p. 13, p. 44 et p. 45.

4. Ruwen Ogien, *La Liberté d'offenser*, Paris, La Musardine, 2007, p. 15-19.

5. Jeremy Waldron, *The Harm in Hate Speech*, Cambridge, Harvard University Press, 2012, p. 106-107.

selon Monique Canto-Sperber : « Rien ne pourra empêcher un croyant d'estimer qu'une insulte à sa religion est une atteinte directe à ce qu'il est[1] », c'est-à-dire à sa personne.

Le respect dû à la religion d'autrui a été invoqué par Charles Taylor lors de l'affaire Rushdie (1989) et formulé en 2015 par Emmanuel Todd : « Le droit au blasphème *sur sa propre religion* ne devrait pas être confondu avec le droit au blasphème *sur la religion d'autrui*[2]. » En 2020, des intellectuels ont aussi critiqué l'« aveuglement » des adeptes des Lumières, « allergiques » à la religion, insensibles à l'outrage ressenti par une grande partie du monde musulman[3]. Il a été reproché à la majorité « éduquée » du monde, laïcisée, formée à la liberté critique, de froisser, dans le cadre de la mondialisation, les sentiments religieux d'une minorité. Mais ces contradicteurs ont été à leur tour accusés de renoncer à la libre critique des religions, qui est un héritage des Lumières et de la Révolution. La liberté d'expression prime-t-elle sur toute autre considération ou doit-elle prendre en considération le respect dû à la religion d'autrui, s'est interrogé Edgar Morin[4] ?

---

1. Monique Canto-Sperber, *Sauver la liberté d'expression*, Paris, Albin Michel, 2021, p. 168.

2. Charles Taylor, *Multiculturalisme. Différence et démocratie*, Paris, Flammarion, coll. « Champs », 1994, p. 85-86 ; Emmanuel Todd, *Qui est Charlie ?* Paris, Seuil, 2015, p. 15 (les italiques sont de l'auteur). Dans le même sens, voir Étienne Balibar, « Trois mots pour les morts et pour les vivants », *Libération*, 11 janvier 2015 ; Tzvetan Todorov, « Ne déshumanisons pas l'ennemi », *Le Monde*, 10 décembre 2015 ; Alain Badiou, « Le rouge et le tricolore », *Le Monde*, 26 janvier 2015.

3. Jacob Rogozinski, « Nous sommes victimes de ce qu'il faut bien appeler l'aveuglement des Lumières », *Le Monde*, 17 novembre 2020 ; William Marx, « L'allergie nationale au fait religieux est une erreur intellectuelle et une faute politique », *Le Monde*, 6 novembre 2020 ; Olivier Mongin et Jean-Louis Schlegel, « Les défenseurs de la caricature à tous les vents sont aveugles sur les conséquences de la mondialisation », *Le Monde*, 6 novembre 2020.

4. Edgar Morin, « La France frappée au cœur de sa nature laïque et de sa liberté », *Le Monde*, 1er août 2015.

Ainsi formulée, la question ne concerne que des démocraties laïques et multiculturelles, même si parmi les musulmans de France, des esprits éclairés (laïcs et religieux), pétris de valeurs universalistes, se sont aussi prononcés en faveur de la liberté d'expression[1]. Les termes du débat se posent en effet autrement dans les pays à majorité musulmane, politiquement autoritaires, non laïcs et gangrenés par l'islamisme. La chronologie des faits confirme que les manifestations contre les premières caricatures, en 2005, ont été déclenchées par une offensive diplomatique menée par des ambassadeurs musulmans auprès du Danemark. Ceux-ci ont été relayés par des islamistes patentés et secondés par le clergé d'États musulmans. La rue est ensuite venue peser de tout son poids pour faire pression sur les démocraties libérales qui avaient admis les caricatures du prophète de l'islam (comme celles d'autres prophètes et d'autres dieux, il faut le souligner)[2]. La même machinerie s'est mise en branle à la suite de la déclaration du président Macron sur le droit non négociable aux caricatures, lors de l'hommage rendu dans la cour de la Sorbonne à Samuel Paty le 21 octobre 2020. Un collectif d'intellectuels musulmans est alors monté au créneau pour rappeler que l'islamisme est une « déformation de l'islam », comme si les « déformateurs » radicalisés étaient les seuls à protester contre les caricatures. Or la mobilisation en ce sens a été bien plus

1. Ghaleb Bencheikh, « Les Matins », France Culture, 24 septembre 2020, disponible à l'adresse : https://www.franceculture.fr/emissions/linvitee-des-matins/liberte-dexpression-nous-avons-besoin-de-vous-avec-antoine-lilti-et-ghaleb-bencheikh ; Chems-Eddine Hafiz, « Que *Charlie Hebdo* continue d'écrire, de dessiner, d'user de son art et surtout de vivre », *Le Figaro*, 4 septembre 2020 ; *id.*, *Le Manifeste contre le terrorisme islamiste*, Paris, Éditions Erick Bonnier, 2021, p. 54-57 ; Tarek Oubrou : « Les tueurs de *Charlie Hebdo* ont profané la mémoire de notre prophète » : https://www.letemps.ch/monde/tarek-oubrou-tueurs-charlie-hebdo-ont-profane-memoire-prophete.

2. Sur la chronologie des protestations, voir Jytte Klausen, *The Cartoons that Shook the World*, Yale, Yale University Press, 2009, chap. 3 et 4, p. 62-113.

large[1], et de nouveau, le monde musulman a failli s'embraser, de l'Asie au Maghreb.

Ce constat est lourd de conséquences. Il montre que la frontière entre islam et islamisme est brouillée, et remet en cause la distinction entre « islam des Lumières » et « islam des ténèbres ». Il incite à repenser à nouveaux frais la liberté d'expression en islam, où le respect dû à la religion dominante (et non à celle d'autrui) prévaut sur toute autre considération.

L'équivoque du mot « islam »

Avant d'aborder de front la question de la liberté d'expression dans les pays où l'islam est dominant (et souvent religion d'État), deux mises au point s'imposent pour l'intelligibilité du propos : l'une concerne le mot « islam », l'autre porte sur l'arrière-plan théorique servant de toile de fond à la liberté d'expression en mondes musulmans.

Première mise au point à propos du mot « islam » : il prête à équivoque, car il désigne à la fois une religion, une civilisation, quarante-neuf pays répartis pour l'essentiel sur trois régions (l'Asie, le Moyen-Orient et l'Afrique), ainsi que des peuples aux traditions nationales propres, au parler différent, brassant d'innombrables ethnies et autant de mouvances idéologiques, y compris celles qu'on appelle les « islamismes ». De surcroît, l'islam n'est pas resté identique à lui-même à travers l'histoire. Même l'historien Bernard Lewis – accusé d'essentialiser l'islam – avait dû admettre qu'il est formé d'« identités multiples », soumises à « un constant changement » affectant les individus, les groupes et les peuples (du Moyen-Orient, objet des études de Lewis) dans leur manière

1. « "Boycotter la France, c'est ignorer la réalité de ses idéaux" : appel d'intellectuels musulmans à "la concorde et l'union" », *Le Monde*, 31 octobre 2020.

d'être et de percevoir les autres[1]. On comprend que le grand historien Abdallah Laroui ait choisi de garder le mot « islam » à l'indéfini et au singulier : ce serait « un gage d'objectivité », à condition d'éviter les « généralisations abusives »[2]. C'est la raison pour laquelle il faut distinguer entre l'islam-religion et l'islam-civilisation. Chacun d'eux se déploie selon une histoire découpée de manière singulière[3].

Diversement évalué, l'islam médiéval (ou classique) s'étire du VIIIe au XIXe siècle, ce dernier étant marqué par une « Renaissance » (laïque et littéraire) et une « Réforme » (interne à la religion) – deux voies d'une même quête à l'ère moderne et contemporaine. Cette périodisation peut dérouter un Européen habitué à une temporalité aux séquences plus contrastées (un Moyen Âge subdivisé en trois périodes, une période moderne et une époque contemporaine qui comportent elles aussi un découpage correspondant globalement aux siècles successifs). En vérité, vers le XVIe siècle, un écart abyssal s'est creusé entre une Europe touchée par la grâce, si l'on peut dire, et un islam abandonné par son Dieu, si je puis me permettre encore. En effet, aucun Luther ne s'est levé pour écrire un texte analogue à *La Liberté du chrétien* (1520). Il eût aussi fallu un Kant pour arracher le musulman à la « paresse » et à la « lâcheté » dont il est « seul responsable », comme disait le philosophe de Königsberg en s'interrogeant sur la définition des Lumières[4]. C'est en réalité Napoléon qui forcera l'islam à s'ouvrir au monde. Son expédition en Égypte (1798-1801), sa « Iéna arabe », est légendaire. Et ses

1. Bernard Lewis, *The Multiple Identities of the Middle East*, New York, Schoken Books, 1998, p. 3.

2. Abdallah Laroui, *Islam et histoire*, Paris, Albin Michel, 1999, p. 20.

3. Gustave E. von Grunebaum, *L'Islam médiéval*, trad. fr. O. Mayot, Paris, Payot, 1962.

4. Emmanuel Kant, *Réponse à la question « Qu'est-ce que les Lumières ? »* (1784), trad. fr. A.-L. Romeur, Paris, Larousse, coll. « Petits Classiques », 2013.

effets sont incommensurables sur la conscience islamique de soi (nous en avons évalué ailleurs la portée[1]).

Convictions d'arrière-plan et d'« avant-plan »

Notre deuxième mise au point conditionne les termes du débat : l'islam a conçu la modernité en des termes qu'on peut qualifier de « continuité aménagée ». Le présent ne se libère jamais du passé, le nouveau ne rompt jamais avec l'ancien, au point qu'un verdict prononcé il y a des siècles peut rester d'application immédiate[2]. On l'a constaté à propos des caricatures, où le premier réflexe a été d'interroger le grand livre de la Tradition à propos d'un mode d'expression découvert par le monde musulman au XIXe siècle ! Ces valeurs d'« arrière-plan » épargnées par « la crise des fondements », car jamais interrogés de manière critique, peuvent survivre et coexister avec les valeurs d'« avant-plan », c'est-à-dire les « nouvelles convictions » (la laïcité) ou la « formulation nouvelle de convictions anciennes » (la liberté ou la tolérance), pour reprendre des expressions de Paul Ricœur[3].

L'effet sur la liberté d'expression est immédiat : elle est marquée par une double limite (traditionnelle et moderne), car rythmée par un incessant et déroutant va-et-vient entre passé et présent. Héritées de l'islam médiéval, les premières restrictions protègent la religion de toute offense, aussi bien des actes sacrilèges que des propos blasphématoires. Instituées par la modernité, les secondes sont séculières, justifiées par des droits-libertés inhérents à la personne, par l'ordre

1. Hamadi Redissi, *L'Exception islamique*, Paris, Seuil, 2004.

2. *Id.*, *La Tragédie de l'islam moderne*, Paris, Seuil, 2011.

3. Paul Ricœur, Postface, *in* Frédéric Lenoir, *Le Temps de la responsabilité. Entretiens sur l'éthique avec Jean Bernard, Marie-Colette Boisset, Jacques Delors et al.*, Paris, Fayard, 1991.

public et les bonnes mœurs. Les deux types de limitations se superposent et s'enchevêtrent dans un entrelacs où il est difficile de savoir si telle ou telle expression est illicite selon la loi religieuse ou illégale d'après la loi séculière – ou selon les deux à la fois, dans une disposition juridique « composite ». Dès le XIXe siècle, la double limite indiquée marque les frontières d'une libre expression concédée par des potentats, forcés de s'adapter à un monde sur le point de les emporter. Elle est au fondement du nouvel ordre public institué par l'État postcolonial au XXe siècle, un État allié aux oulémas (docteurs de la loi musulmane, juristes et magistrats), savants et obéissants, et ce, bien avant que l'islamisme ne s'invite au débat. Associés et rivaux, l'État, les oulémas et les islamistes ensuite ne se considèrent donc pas comme intolérants : chacun agit pour son compte, défendant *son* islam, au sujet de ce qu'il est interdit de voir, de dire et de penser.

Quel interdit de la représentation ?

Existe-t-il un rapport entre les caricatures et un supposé interdit de la représentation figurée du prophète de l'islam ? Quelle est la doctrine islamique sur le blasphème, c'est-à-dire l'injure faite à Dieu, à la religion et au prophète de l'islam ? Peut-on penser librement, croire ou abjurer non pas en son for intérieur mais *publiquement*, se déclarer athée sans être poursuivi en justice, ostracisé ou livré à la vindicte populaire ? Chacune de ces questions appartient à un registre : le visible (pour la représentation figurée), le dicible (pour le blasphème) et le pensable (pour la liberté d'opinion et de croyance). D'où la difficulté de construire une problématique couvrant l'ensemble des champs d'expression.

Pour y parvenir, il faut commencer par écarter l'approche apologétique, qui consiste à tout ramener à un Coran qui aurait anticipé toutes les libertés, y compris la liberté d'expression[1]. Déjà Spinoza avait averti sur les défauts d'une démarche « nuisible, inutile et absurde », qui consiste à « faire violence » aux Écritures pour y trouver une philosophie[2] et, pourrait-on ajouter, des considérations sur notre actualité sociale, économique, médicale, etc. Certes, le commentaire coranique est un élément de réponse, une interprétation possible, mais encore faudrait-il, pour qu'il soit pertinent, qu'il se fasse dans le cadre d'une investigation historico-critique qui doit éviter deux écueils : la spéculation décontextualisée et l'idée que le passé préforme le présent. Au croisement de ces deux temporalités, le visible, le dicible et le pensable se sont constitués chacun par touches successives à partir d'un interdit absolu, le reste restant négociable : est absolument taboue la représentation figurée de Dieu, tous espaces confondus, tandis que ce qui est totalement intolérable dans l'ordre du dicible, c'est le blasphème, et, dans l'ordre du pensable, c'est l'incroyance. Nous exposerons dans ce qui suit les articulations majeures et inédites de cette constitution en trois parties portant respectivement sur la représentation figurée, le blasphème et la pensée libre.

Quel est le rapport entre la représentation figurée et les caricatures ? La confusion est telle qu'on ne sait pas si on parle de l'islam médiéval ou moderne, de l'image figurée en général ou de la représentation imagée de Muhammad en particulier. Des précisions doivent être apportées sur cette « querelle d'images », à propos de laquelle circulent des informations erronées et des préjugés nombreux. La représentation figurée en général et celle de Muhammad en particulier n'obéissent

1. C'est le cas de Mohammad Hashim Kamali, *Freedom of Expression in Islam*, Cambridge, Islamic Texts Society, 1994.

2. Spinoza, *Traité théologico-politique*, Paris, Garnier-Flammarion, 1965, chap. VII, V, XV.

pas à la même logique. L'islam, dit-on, n'a pas de doctrine en la matière. En réalité, à l'âge médiéval il en a deux : l'une est aniconique, hostile à l'image, élaborée par des jurisconsultes (XIIe-XVe siècles) ; l'autre, iconophile, est littéralement méconnue ; élaborée par des lettrés et des artistes peintres au XVIe siècle : on l'appelle la « théorie des deux calames ». Au XXe siècle, afin de s'adapter aux nouveaux procédés visuels (la photographie et le cinéma), la doctrine aniconique recourt à la fiction de l'« ombre captée » : de tels arts ne créent pas de réel, ils saisissent uniquement son ombre.

S'agissant du prophète de l'islam, ses portraits émaillent les livres illustrés du XIIIe au XVIIIe siècle, tout en restant à l'abri des regards indiscrets dans les cours des dynasties turco-mongoles et chiites qui ont dominé les territoires arabes de l'islam. À partir de 1800, le portrait de Muhammad se fait rare. On ignore les raisons de cette récession. Au XXe siècle, portraiturer Muhammad devient une question sujette à polémiques. Pourquoi le Prophète, un homme après tout, devient-il l'objet d'un interdit précisément au XXe siècle ? Est-ce qu'il serait, à l'instar de Jésus, devenu à la longue une figure divine ? Avec cette différence cependant que l'image de Jésus divinisé a donné lieu à l'essor de l'art figuratif occidental… Peut-on représenter Muhammad au cinéma ? Oui, répond le chiisme. Non, répond le monde sunnite dès 1926 – et non dans les années 1970, comme l'écrit Christiane Gruber, l'une des grandes expertes de l'art musulman[1]. Pourquoi ? Parce que sa personne est *impossible* à rendre par le procédé scénique. Telle est la réponse de la doctrine sunnite. C'est le degré zéro de la représentation. Quoi qu'il en soit, dans les

1. Christiane Gruber, « Les images de Mahomet dans l'islam », *Afkar/Idées*, n° 45, printemps 2015, p. 70-72 ; et, plus détaillé, *id.*, « The Koran Does Not Forbid Images of the Prophet », *Newsweek*, 1er septembre 2015, http://www.newsweek.com/koran-does-not-forbid-images-prophet-298298

scandales récents, ce n'est pas le portrait de leur prophète qui a suscité la rage des musulmans, mais le fait de le caricaturer dans des dessins (première partie).

Caricatures et blasphème en islam

Les caricatures sont jugées blasphématoires. Mais que dit l'islam du blasphème ? Dans le corpus islamique, le sens premier du blasphème renvoie à l'insulte (*sabb*), un terme technique (à la fois substantif et verbe) qui correspond au latin *blasphemia* : c'est l'« injure » et la « calomnie ». Les théologiens musulmans contemporains nient, à tort, l'existence d'un tel concept dans la tradition savante[1]. Voici pourtant la thèse qu'aucun expert de l'islam médiéval ne peut contester : le droit islamique médiéval – toutes écoles confondues (quatre sunnites et une chiite) – décrète indistinctement la mort de quiconque insulte Dieu, sa religion et son prophète Muhammad, qu'il soit musulman ou non musulman (infidèle ou croyant en une autre religion d'origine divine), à moins qu'il ne se repente – et encore : s'agissant de l'insulte à Muhammad, la résipiscence fait l'objet d'un débat. Un non-musulman peut être poursuivi hors juridiction de l'islam (pour peu qu'il soit à portée des musulmans) quand il insulte le prophète de l'islam.

Élaborée au XIIe siècle, sur la base d'annotations antérieures et surtout de précédents jurisprudentiels avérés, cette doctrine est le droit commun jusqu'au XIXe siècle, moment où la tradition vacille sans pourtant s'écrouler. À ce moment-là, en proclamant les principes de liberté, de sécurité et d'égalité

1. Voir les réponses de Tareq Oubrou, « Mahomet, une image très sensible », *Libération*, 14 janvier 2015, http://www.liberation.fr/societe/2015/01/13/mahomet-une-image-tres-sensible_11 80090 ; Mohammad Hashim Kamali, *Freedom of Expression in Islam*, *op. cit.*, p. 208.

des personnes indépendamment de leurs confessions, des édits de droits et de constitutions qui se veulent modernes ont laissé croire que les crimes infamants (y compris le blasphème) liés à la *charia* et punis de châtiments corporels allaient être abolis. La presse satirique apparaît alors, vers la fin du XIXe siècle. C'est la première fois qu'on voit un prophète figurer dans une caricature. Cependant, si la satire n'a pas manqué d'audace en raillant les sultans, les potentats et les religieux, elle se donne une limite : ni ridiculiser la religion ni se moquer des prophètes.

Le XXe siècle, hélas, réintroduit le crime de blasphème, à côté de deux autres infractions majeures, l'offense à la religion et l'apostasie. La Turquie, pourtant kémaliste, donne le ton en 1926, et les autres pays musulmans postcoloniaux suivront. Ce retour du refoulé montre à l'évidence qu'une modernité radicale, laïque, universaliste et en rupture avec la tradition (sur le modèle des Lumières radicales[1]) est *impensable* en islam. Même s'il faut souligner que l'islam moderne et l'islam contemporain ne sont pas privés de Lumières. Celles-ci y sont toutefois plutôt modérées, et obscurcies par l'alliance tripartite objective entre le pouvoir autoritaire, les oulémas officiels et l'islamisme.

Blasphème, offense à la religion et apostasie sont codifiés dans un très grand nombre de textes, appliqués par une

1. D'après Jonathan I. Israel (*Les Lumières radicales. La philosophie, Spinoza et la naissance de la modernité [1650-1750]*, Paris, Éditions Amsterdam, 2022), les Lumières radicales « refusaient tout compromis avec le passé [...], rejetaient la Création » et « l'intervention d'un Dieu provident dans les affaires humaines [...], méprisaient toute forme d'autorité ecclésiastique et contestaient la hiérarchie sociale ». L'athéisme était leur « expression la plus systématique ». Elles avaient « une immense révérence envers la science et la logique mathématique » (p. 39). Politiquement, elles étaient républicaines et démocratiques et ont culminé dans la Révolution. À l'inverse, les Lumières modérées « défendaient la vérité de la religion révélée et le principe d'un univers ordonné et créé par Dieu » (p. 42), même si elles partageaient certaines idées du courant radical.

jurisprudence abondante et décrétés par des *fatwas* émanant des autorités religieuses ou d'oulémas de fortune, sortes de « free-lance » en l'occurrence. Cet agencement n'est pas normatif, mais *de facto* les pays musulmans détiennent le record absolu des poursuites judiciaires pour « blasphème », un crime instrumentalisé qui permet de poursuivre en justice, de manière confuse, quatre catégories soigneusement distinctes à l'âge médiéval : l'incroyance, la libre expression d'une opinion, la dissidence sectaire au sein de l'islam et l'appartenance à une autre religion. Ces poursuites ont lieu indépendamment de la nature des régimes, qu'ils soient autoritaires ou démocratiques, laïcs ou confessionnels. Pour preuve, en 2019, la Turquie et l'Indonésie laïques sont, pour la première, une prison à ciel ouvert et, pour la seconde, classée parmi les cinq pays les plus répressifs en matière de liberté religieuse. Dans ces conditions, dire que l'islam « n'a rien à voir » avec les attentats est un déni de réel, qui empêche d'affronter courageusement les origines culturelles et politiques du fanatisme religieux islamique (deuxième partie).

Penser librement

Est-ce à dire que la liberté d'expression dans le monde musulman est une fiction ? Nullement. Mais quel en est le contenu ? C'est ici que la distinction entre « islam des Lumières » et « islam des ténèbres » prend tout son sens, à condition d'en préciser davantage la portée. Elle est brillamment formulée par Abdurrahman Wahid (m. 2009), ancien président de l'Indonésie (1999-2001) : « L'islam est une religion tolérante que des fanatiques tentent de pervertir en religion haineuse. » Le « bon » islam s'oppose donc au « mauvais » dans une « lutte globale pour [s'approprier de] l'âme de l'islam[1] ». Soit, mais pour le dire d'emblée, à notre sens le « bon » islam n'est pas l'islam : il est juste délesté de sa « part maudite », l'islamisme. Nous l'avons vu à propos de la représentation figurée et du blasphème. C'est un certain islam libéral et séculier, mais il se divise en deux branches, l'une « interne » à la religion proprement dite et l'autre « externe », représentée par une libre-pensée irréligieuse. Toutes deux défendent la liberté. Et toutes deux ont des racines dans la tradition, l'une se prévalant du rationalisme religieux et l'autre de la pensée libre médiévale, incarnée dans de grandes figures areligieuses.

Du XIXe siècle à nos jours, le grand pari sera de « réformer » l'islam par une lecture moderne du Coran (sur le modèle protestant, donc). Même l'Europe assigne à ses intellectuels musulmans le rôle d'« imams laïcs », commis à éclairer leurs coreligionnaires tentés par le « séparatisme ». Pourtant, c'est la libre-pensée qui gagne du terrain en pays d'islam, où l'on trouve actuellement plus d'athées, plus d'hommes pétris des Lumières et plus d'associations de la libre-pensée que parmi les musulmans d'Europe. Au fond, les deux voies tendent vers le même but : libérer l'islam de lui-même, l'une par la sortie de l'islam grâce à l'islam, l'autre par le détachement de l'islam. Aucune des deux tendances n'a prévalu à ce jour (troisième partie). La libre expression pose la question du seuil de ce qui est tolérable dans le visible, le dicible et le pensable. Qu'est-ce qui peut réunir ces trois registres ? Le sacré. Il envoûte et effraie. Il s'oppose à la liberté, au point de susciter une violence purificatrice. Et pourtant, il est arrivé à la tradition de l'islam d'en rire, de rire même de tout.

1. Abdurrahman Wahid, « Right Islam *vs.* Wrong Islam », *Wall Street Journal*, 30 décembre 2005, repris par de nombreux journaux et réédité *in* Hillel Fradkin, Husain Haqqani, Eric B. Brown, *Current Trends in Islamist Ideology*, Hudson Institute, vol. 3, 2006, p. 5-9 ; tr. fr. partielle : « Bon islam contre mauvais islam », 11 janvier 2006 : https://www.voltairenet.org/article133560.html

PREMIÈRE PARTIE

Une querelle des images ?

1

L'art et ses représentations

Le contraste fondateur

Depuis les premières caricatures publiées par le journal danois *Jyllands-Posten* en 2005, le débat sur la production d'images figuratives est dominé par un constat indéniable et une thèse discutable. Le constat : l'islam dispose d'un art figuratif du VIIIe siècle à nos jours. La thèse : l'islam ne connaîtrait pas de doctrine aniconique, hostile à la représentation figurative des personnes et plus particulièrement de Muhammad. À supposer même qu'une telle prohibition fût ordonnée, elle ne concernait pas l'islam chiite. Cette thèse manque en réalité à l'exactitude historique, car il existe bien une doctrine aniconique médiévale. Et elle implique autant le sunnisme que le chiisme.

Les sources sont en effet formelles. Institué en dogme après coup, l'aniconisme a été toujours en porte-à-faux par rapport à la pratique de l'art. La question s'est-elle posée de savoir comment l'islam a pu promouvoir un art figuratif sans disposer d'une « théologie de l'icône », qui exalte le culte de l'image ? Nous ne disposons pas de réponses sur ce point, mais d'une piste rarement évoquée : l'islam médiéval connaît une certaine conceptualisation de l'art pictural, dite « théorie des deux calames » : l'art pictural et l'art d'écrire y sont deux modalités du Calame, le Verbe divin. La théorie apparaît durant la dynastie Séfévide (ou Safavide) (d'obédience chiite), vers la fin du XVIe siècle, et disparaît sans raison claire au début du XVIIe. Mais elle n'est pas à proprement parler une construction théologique. Elle est élaborée par des artistes peintres et des lettrés non religieux, et les deux positions (l'aniconisme religieux et la théorie esthétique séculière) structurent le rapport à l'image figurative jusqu'aux Temps modernes. Aucune n'aborde la représentation figurative de Muhammad, un fait artistique pourtant également avéré à l'Âge médiéval et qui connaîtra une évolution particulière, comme nous le verrons au chapitre suivant. Finalement, la doctrine aniconique est la seule à survivre dans des Temps modernes marqués par l'introduction des arts modernes figuratifs (peinture et sculpture) et visuels (photographie, théâtre et cinéma). C'est ce décalage persistant qui alimente les spéculations sur un islam foncièrement hostile à l'image figurative. L'aniconisme est ainsi au croisement de deux histoires longues, l'histoire de l'art (ou du fait artistique) et l'histoire de la perception de l'art. C'est par ce contraste fondateur qu'il faut commencer.

Tu ne feras pas d'idoles !

Sur l'interminable débat à propos de l'image figurative en islam, la littérature est pléthorique. Elle commence par rappeler que le plus ancien témoignage de l'art islamique est le Dôme du Rocher à Jérusalem, érigé en 691 par l'Omeyyade Abd al-Malik (m. 705). La coupole et les galeries sont couvertes de mosaïques offrant des arrangements floraux variés, mais point de figures animales ou humaines : elles sont bannies des espaces sacrés (mosquée, mausolées et madrasas), à quelques exceptions près[1]. L'esthétique islamique sanctuarise

1. Arnold cite la grande mosquée de Cordoue qui était décorée des sept dormeurs d'Éphèse, des servants de Moïse et du corbeau de Noé, voir Sir

l'espace religieux et rituel en le protégeant de toute représentation de personnages ou d'être vivants. Elle exècre l'usage des illustrations dans le Coran et abomine la représentation figurative de Dieu. Est-ce à dire que l'islam interdit *toute* représentation de personnages ?

La découverte de Qusayr Amrah met fin aux spéculations, du moins pour ce qui est de l'art profane. Il s'agit d'un complexe architectural situé à l'est d'Amman, dans la zone semi-aride de la Jordanie où les princes omeyyades du début du Moyen Âge se plaisaient à se rendre en villégiature, pour se rappeler quelque peu leur origine bédouine, loin de la douceur de la vie à Damas. L'édifice est découvert en 1898 par l'Autrichien Alois Musil. Il date du début du VIIIe siècle, au moins un siècle avant les recueils de hadiths (paroles, actes et silences de Muhammad)[1] qui abordent la question de la figuration. Tout y est : végétation, animaux, êtres humains et femmes nues[2].

Le XIIe siècle constitue un tournant. Le « livre à images » (*kitab mussawar*) fait son entrée. Jusqu'à cette date, un beau livre finement décoré était un livre calligraphié. Certes, des livres (de géographie, d'astrologie ou de médecine) pouvaient être émaillés d'illustrations à des fins pédagogiques. Ce qui était inédit, c'était d'orner une œuvre à succès par des miniatures servant à illustrer librement un texte écrit, s'écartant

---

Thomas W. Arnold, *Painting in Islam. A Study of the Place of Pictorial Art in Muslim Culture* (1928), New York, Dover Publications, 1965, p. 4, note 1.

1. Les recueils de hadiths canonisés en islam sunnite sont au nombre de six : al-Boukhari (m. 870), Muslim (m. 875), Ibn Maja (m. 887), Abu Dawud (m. 889), Tirmidhi (m. 892) et An-Nasa'i (m. 915). Les chiites ont leurs propres collections de hadiths réunis par Kolyani (m. 941), Ibn Babuwayh (m. 991) et Cheikh Tusi (m. 1067).

2. Voir les illustrations commentées de ces édifices : Richard Ettinghausen, *La Peinture arabe*, trad. fr. Y. Rivière, Genève, Skira, 1962, p. 18-36 et p. 191 et Oleg Grabar, *La Formation de l'art islamique*, trad. fr. Y. Thoraval, Paris, Flammarion/Champs, coll. « Champs arts », 2000, p. 67-98. Le Croissant fertile abrite vingt sites similaires à Qusayr Amrah, d'après Oleg Grabar, *ibid.*, p. 197.

parfois de la lettre, uniquement à des fins d'agrément[1]. De cette époque datent les premières mises en image de grandes œuvres antérieures, y compris de celles sur la vie de Muhammad (à partir du XIIIe siècle), dont les miniatures circulent largement aujourd'hui sur la Toile[2].

À contre-courant de cette réalité artistique concrète, l'islam des oulémas avance une doctrine aniconique. Mais que disent les sources primaires (Coran et Sunna, la Tradition prophétique) sur l'image figurative ? La réponse à cette question n'a pratiquement pas varié depuis le début du XXe siècle[3]. Rappelons-en les éléments de base. Le Coran, est-il affirmé, n'est pas aussi explicite que la Torah, qui exige de ne glorifier *que* Dieu et de le glorifier *sans* faire d'« image taillée, ni de représentation quelconque des choses » (Ex 20, 4-6). Le Coran se réfère plutôt aux « pierres dressées », qu'il considère comme une « abomination » suscitée par Satan, au même titre que le vin, les jeux de hasard et les flèches de divination (servant aux augures en Arabie préislamique). « Évitez-les ! », est-il ordonné (5 : 90). Ce verbe « à potentiel illocutoire » a définitivement été compris comme valant interdiction. Mais était-ce là désapprouver l'image modelée *en général*, quand des djinns fabriquent à Solomon « des statues » (34 : 13) ? Et quand il suffit à Jésus de « créer d'argile, comme une forme »,

1. Sur le rapport entre calligraphie et peinture, voir Houari Touati, *L'Armoire à sagesse*, Paris, Aubier, 2003, p. 113-124.

2. Un point sur la question : Sheila S. Blair, « The Development of the Illustrated Book in Iran », *Muqarnas*, vol. 10, 1993, p. 266-274. Nombreuses illustrations commentées de ces livres : Richard Ettinghausen, *La Peinture arabe*, *op. cit.*, p. 59-86. Une vingtaine d'images dans : François Boespflug, *Le Prophète de l'islam en images*, Paris, Bayard, 2013, p. 78-145.

3. Les premiers essais de réponse : Louis Massignon, « Les méthodes de réalisation artistique des peuples de l'islam » (première partie), *Syria*, t. 2, fasc. 1, 1921, p. 47-48 ; Sir Thomas W. Arnold, *Painting in Islam…*, *op. cit.*, p. 1-44. La meilleure discussion de la question : Oleg Grabar, *La Formation de l'art islamique*, *op. cit.*, p. 108-118.

et de souffler dessus pour en faire « un oiseau » (3 : 49) ? Ces œuvres sont permises par Dieu, le seul *musawar*, « celui qui donne forme » ou « façonne » (3 : 6 ; 59 : 24). Prise dans ce sens, l'image a bien une corporéité, une matérialité.

Les *hadiths* sont en revanche explicites. Cinq à six injonctions sont déclinées dans 325 variantes, selon la recension de Daan van Reenen[1]. La doctrine est la suivante : produire une image, c'est usurper le pouvoir de Dieu par une *mimésis*, une imitation de l'acte créateur : « La punition, et la plus grande, sera infligée, le jour du Jugement, à ceux qui imitent la création de Dieu exalté. » En ce sens, « les anges n'entrent pas dans une maison où il y a une image (*sûra*) » ou, selon d'autres passages, « où il y a des idoles (*tamâthil*) » ; ou encore « où il y a des images et des idoles », pour faire la distinction entre la figure dessinée et la statuette (les Arabes païens avaient pour habitude d'en avoir une à domicile). D'où l'ordre donné par Muhammad à son gendre Ali qui s'apprêtait à partir en expédition : « Détruis tout monument, déchire toute image et remets au sol tout tombeau. » « Ce qui est exclu, ce n'est pas l'image mais les images rivales », écrit Hodgson[2], c'est-à-dire les images représentant des dieux rivaux. L'idole en est l'incarnation. Elle peut être faite de pierres, de dessins gravés sur des roches, sculptée à forme animale, végétale ou humaine (*sanam*), en bois, en farine travaillée et en terre cuite. L'historien Ibn al-Kalbi (m. 819) consacre *Le Livre des idoles* à ces créatures polymorphes[3].

1. Les deux meilleures recensions de hadiths sur l'image figurative sont celles de K. A. C. Creswell, « The Lawfulness of Painting in Early Islam », *Ars Islamica*, n° 11-12, 1946, p. 165-166 et de Daan van Reenen, « The Bilderverbot, a New Survey », *Der Islam*, vol. 67, n° 1, 1990, p. 27-77.

2. Marshall G. S. Hodgson, « Islâm and Image », *History of Religions*, vol. 3, n° 2, hiver 1964, p. 242.

3. Hisham Ibn al-Kalbi, *Le Livre des idoles*, trad. fr. Ahmed Benjelloun, Paris, Alqalam, 2014.

Si ce n'est qu'il ne s'agit pas seulement d'images concurrentes. Ainsi Louis Massignon trouve-t-il « étrange » l'idée d'interdire la figuration de tout être animé, qu'on trouve formulée dans ce hadith : « Quiconque façonne une image sera voué à l'Enfer. Il sera insufflé à chaque image qu'il a reproduite une âme qui le châtie[1]. » Et un autre hadith rappelle que Muhammad ordonna à sa jeune épouse Aïcha de faire disparaître une étoffe décorée de figurines. En la découpant en petits morceaux, elle se débarrassa des « âmes » en apnée qui hantaient le domicile.

En revanche, les êtres inanimés peuvent être dessinés, peints ou sculptés. On doit à Ibn al-Abbas, le neveu de Muhammad, cet élément, qui se greffe sur un dit prophétique : « Si tu dois absolument dessiner quelque chose, que ce soit un arbre ou quelque chose d'inanimé[2]. » Dessiner un être inanimé est donc autorisé. Les récits cités ici sont compilés dans les six recueils canoniques sunnites de hadiths (IXe-Xe siècles)[3]. Ils n'abordent nullement la représentation figurative de Muhammad ou des prophètes, comme si le sujet relevait de l'impensé iconographique. Peuvent-ils constituer une doctrine ? La question divise les experts. Massignon et Arnold répondent par l'affirmative[4], tandis que Grabar doute de l'existence d'une « doctrine précise » et que Christine Gruber est radicale : « Si on retourne au droit islamique, il n'existe aucun décret légal, ou *fatwa*, dans le corpus historique, qui

1. Voir Massignon (qui ne cite pas ce hadith connu auquel il se réfère implicitement), « Les méthodes de réalisation », art. cité, p. 47-48.

2. Cet élément figure dans al-Boukhari et Muslim, deux des six recueils canoniques de hadiths.

3. Al-Boukhari et Muslim sont exhaustifs ; Ibn Maja, Abu Dawud et Tirmidhi sont laconiques ; An-Nasa'i reprend la plupart des récits.

4. Louis Massignon, « Les méthodes de réalisation artistique des peuples de l'islam », art. cité, p. 49 ; Sir Thomas W. Arnold, *Painting in Islam…*, *op. cit.*, p. 8-9.

interdit de manière explicite et définitive l'image figurative, y compris l'image du Prophète[1]. » Ceux qui contestent l'existence d'une doctrine estiment que les hadiths ne peuvent constituer une base crédible. Mais c'est là un argument moderne, il ne concerne pas les classiques, qui en font la deuxième source scripturaire. En vérité, l'islam médiéval possède une doctrine aniconique, et même une fatwa de confirmation, mais n'exige pas et ne met pas en œuvre une destruction méthodique des figures[2].

De fait, le noyau dur de la thèse reste la distinction radicale entre l'animé et l'inanimé, l'être vivant et la chose. L'image figurative d'un être vivant est absolument exclue, à commencer par l'interdiction de façonner des figurines ou de fabriquer des répliques d'êtres humains. Il y va de la singularité absolue de l'acte créateur divin. Une exception : les poupées – au motif qu'Aïcha déclare avoir fait la connaissance de Muhammad alors qu'elle était gamine et jouait avec des poupées. La prohibition de donner la forme de l'homme s'étend à l'animal et ce, quel que soit le support illustratif (papier, peau de bête, tissu, ustensiles, surface murale, monnaie…). Le fondement de cet interdit est la croyance que l'âme de l'animal est en souffrance dans une représentation figurative sans âme. Quant aux choses inanimées, elles obéissent à une autre règle : est licite la représentation figurative des objets sans vie. La permission s'étend à la végétation naturelle, dépourvue d'âme (la plante, l'arbre, la montagne, la forêt…), sans qu'on sache cependant pourquoi elle est prise pour un corps inerte. Tels sont les énoncés construits à partir des hadiths.

1. Oleg Grabar, *La Formation de l'art islamique*, *op. cit.*, p. 132 ; Christiane Gruber, « The Koran Does Not Forbid Images of the Prophet », art. cité.

2. Dominique Avon, « Juristes musulmans contemporains, images et caricatures », *Revue de l'histoire des religions*, n° 1, 2020, t. 237, p. 83-109, *loc. cit.*, p. 85-86.

Quant à la fatwa évoquée plus haut, elle est décrétée par le grand juriste andalou Shatibi (m. 1388) et étoffée par son commentateur tardif Wansharisi (m. 1508), auteur du plus grand compendium de fatwas de l'Orient occidental (Andalousie et Afrique du Nord). La question concerne les fabricants de chandelles ou de galettes sucrées, qui ont tendance à orner le produit de leur industrie de dessins, par exemple l'empreinte d'une main (comme la main de Fatima) ou une figurine : auront-ils à subir le sort réservé aux imitateurs de l'œuvre divine ? Dans « De l'empreinte de la main imprimée sur les cierges », l'une de ses fatwas, Shatibi répond que l'interdiction frappe l'acte de produire l'image d'un être vivant en entier, mais non d'en dessiner une partie... pourvu que l'intention soit louable, ajoute Wansharisi[1]. Dont acte.

L'islam a néanmoins un fond iconophobe, selon Hodgson, dû à un certain moralisme hostile à la fois au culte arabique (ou arabe, en référence à l'Arabie antéislamique) des idoles et au luxe ostentatoire des nouvelles classes privilégiées[2]. Mais Hodgson est trop modéré ici : la réaction iconophobe ne concerne pas seulement une génération à un moment donné. Elle est inscrite dans la durée, dans une doctrine canonisée par des juristes (Yadh et Nawawi), des exégètes (Qurtubi) et des collecteurs de hadiths ('Asqalani). Ils sont tous à l'œuvre entre le XIIe et le XVe siècle, pratiquement à la même période que la codification du blasphème[3]. Ils élaborent une doctrine

1. Shatibi, *Fatwas*, édition de M. Abou al-Ajfan, Tunis, Matbaat al-kawakeb, 1985, fatwa n° 58, p. 211-213 ; Wansharisi, *al-Mi'yar* (Recueil des fatwas des oulémas du Maghreb), Éditions du ministère marocain des Biens de mainmorte, 1981, vol. 11, p. 110-111.

2. Marshall G. S. Hodgson, « Islâm and Image », art. cité, p. 226-227.

3. Nous ne citons que les auteurs consultés : Yadh (m. 1149), *Ikmal* (Commentaire de Sahih Muslim), Le Caire, Dar al-Mansura, 1994, vol. 6, p. 628-641 ; Qurtubi (m. 1273), *Al-Mufhim* (Le compréhensif dans les hadiths divergents de Muslim), Beyrouth, Dar Ibn Kathir/Dar al-Kalim al-tayyib, 1997,

de l'interdiction de la représentation figurative qui sera reprise par la postérité.

Qu'en est-il du chiisme ? Lui aussi cultive l'aversion de l'image figurative dans les quatre recueils canoniques de hadiths (équivalents des neuf recueils sunnites), rapportés par la chaîne d'or des imams[1]. Au XIIIe siècle, al-Hilli (m. 1278) les intègre dans son manuel de droit[2]. Considérer que le chiisme médiéval est plus permissif sur la question de l'image figurative est donc tout simplement faux. C'est seulement au XVIe siècle, durant l'ère safavide, qu'une théorie non religieuse de l'art pictural verra le jour.

La théorie des deux calames

Élaborée entre le XIIe et le XVe siècle par des oulémas, la doctrine aniconique, est en porte-à-faux par rapport à un art pictural florissant. Mais l'essor de ce dernier ne s'est pas accompagné d'une « théologie de l'icône ». Par bonheur, nous disposons néanmoins d'une esquisse de théorie picturale – un terme

---

vol. 5, chap. 15-18, p. 421-433, Nawawi (m. 1277), *Sharh Sahih Muslim* (Commentaire du Manuel de Muslim), Le Caire, al-Matba'a al-misriyya bil azhar, 1930, vol. 14, p. 81-94 ; Al-'Asqalani (m. 1449), *Fath al-Bari* (Commentaire du Manuel de Boukhari), vol. 13, chapitre des images, Riyad, Dar al-Tibaa, 2005, p. 459-483.

1. Kolyani (m. 941), *Al-Kafi* (Le suffisant), édition A. Bakr al-Ghaffari, 1947, Téhéran, Matbaat al-Haydari, vol. 6, p. 526-528 ; Ibn Babuwayh (m. 991), *Ma la yahdaruhu al-faqih* (Le Livre de celui qui n'a pas de jurisconsulte près de lui), Beyrouth, Muassasat al-'Alami lil matbouat, 1986, vol. 1, § 738-742, p. 172-173 ; Cheikh Tusi (m. 1067), *Al-Istibsar* (La clairvoyance), édité par A. Bakr al-Ghaffari, Beyrouth, Dar al-Hadith, 1960, vol. 1, § 104, n° 728-729, p. 457-458 ; et *id.*, *Tahdhib al-Ahkam* (Rendre accessibles les règles de droit), édité par A. Bakr al-Ghaffari, Dar al-Kutub al-islamiyya, vol. 1, chap. 11, n° 878, p. 240.

2. Al-Muhaqqiq al-Hilli, *Charai' al-islam* (Législations de l'islam), Najaf (Iran), Matbaat al-Adaab, 1969, p. 9.

qui convient à une réflexion à visée esthétique –, menée par des lettrés non religieux, dont des peintres, de la fin du XVIe siècle au début du XVIIe, après que la doctrine aniconique s'est fixée.

Comment ces lettrés sont-ils apparus ? La fin du califat de Bagdad (1258) a profité à des dynasties de souche non arabe, fraîchement islamisées, quatre au total : l'Ilkhanat sunnite de Perse (dont les dirigeants étaient des *khans*, ou « rois », 1256-1353), d'origine mongole ; les dynasties Timouride (1370-1506), empruntant leur nom à Tamerlan, en Asie centrale, moghole en Inde (1526-1857) et Séfévide (ou Safavide, 1501-1736) en Iran. Des quatre dynasties, cette dernière est la seule à être chiite (elle est issue de la Safavieh, un ordre soufi). Ces royaumes se partagent les vastes terres de l'empire musulman, de l'Asie centrale à la Mésopotamie. Les rois y cultivent les sciences et les arts. Même Tamerlan est entouré d'hommes de culture, bien qu'il soit illettré. Leurs motivations ne relèvent pas seulement du goût du luxe et de l'apparat. Les khans sont affranchis de toute inhibition religieuse en rapport avec un quelconque interdit de l'image figurée. Ils font venir des miniaturistes de Chine et ils développent des ateliers de peinture. Peindre devient ainsi un métier. Fabriquer un album illustré par des miniatures prend plus d'une année. Une illustration imagée a, approximativement, les dimensions d'une moitié de page ; elle est peinte à part puis collée dans le manuscrit. Un spécimen associe divers corps de métier à l'œuvre dans un atelier : le peintre lui-même, le découpeur de papier, le calligraphe, le traceur de ligne, le relieur ou couseur des feuillets et le doreur. Plusieurs écoles de miniatures rivalisent et des ateliers essaiment partout, de Tabriz (Iran) à Herat (Afghanistan), le « Paris » de l'époque[1].

1. Lisa Golombek, « Discourses of an Imaginary Arts Council in Fifteenth-Century Iran », in *id.* et Maria Subtelny (dir.), *Timurid Art and Culture : Iran and Central Asia in the Fifteenth Century*, Leyde, Brill, 1992, p. 1-17, *loc. cit.*, p. 6.

Une liste des artistes peintres circule dans les albums illustrés ou dans les compendiums bibliographiques[1]. Le maître absolu se nomme Behzad (m. 1535). En tant que « chef de projet », il dirige les ateliers sous la dynastie Timouride et passe au service de la dynastie Séfévide[2].

Avares de paroles, les peintres s'expriment rarement sur la nature de leur art. Par exemple, un *Rapport* d'atelier datant de l'époque timouride établit une monographie des peintres et des calligraphes sans fournir d'informations sur leurs préférences esthétiques[3]. Le *Qanun al-suwar* (« Canon des représentations figuratives », entre 1576 et 1602), du miniaturiste safavide Sadiqi Beg (m. 1610) est le seul traité versifié entièrement consacré à l'art de peindre qui nous soit parvenu. Éminemment technique, il consacre à peine une dizaine de pages au rapport entre l'art et le sens, la forme et l'idée qui la préfigure[4]. Cela dit, au début du XVIe siècle, des écrits disparates et d'inégale valeur abordent l'idée d'un art pictural arrivé à maturation. Ils sont l'œuvre d'artistes peintres, de scribes et de poètes. Affranchis du carcan religieux, ils se permettent même de critiquer ouvertement les oulémas hostiles à la représentation figurative. À la question

1. Sur l'ère ilkhanide, voir Sheila S. Blair, « Calligraphers, illuminators and painters in the Ilkhanid scriptorium », *in* Linda Komaroff (dir.), *Beyond the Legacy of Genghis Khan*, Leyde, Brill, 2006, p. 167-182. La note 6 fournit une bibliographie pour la période postérieure (XVe-XVIIIe siècle).

2. Nous nous appuyons sur l'édition et la traduction de Mohammad Qazvini et Lucien Bouvat, « Deux documents inédits relatifs à Behzad », *Revue du monde musulman*, n° 26, 1914, p. 146-160.

3. Wheeler M. Thackston, *A Century of Princes : Sources on Timurid History and Art*, selection and translation, Cambridge, Aga Khan Program for Islamic Architecture, 1989, p. 4 (le rapport [*Arzadacht*]) figure aux p. 323-328).

4. Voir la traduction de ces pages par M. B. Dickson et S. C. Welch, « The Canons of Painting by Sadiqi Bek », *The Houghton Shahnameh*, vol. 1, Appendice 1, Cambridge, Harvard University Press, 1981, p. 259-269 (traduction non consultée).

de savoir quelle est la nature de l'art pictural, ils fournissent une réponse qui ne manque pas d'élégance, bien qu'énoncée de manière fragmentaire ou formulée dans un langage imagé, ce qui est de nature à en affaiblir la portée théorique : l'art pictural est le pendant de l'art d'écrire, ils sont expressions l'un et l'autre du Calame divin, le moyen par lequel Dieu instruit l'homme des choses qu'il ignore. C'est « la théorie des deux calames » déjà évoquée.

Le Peintre éternel

L'art pictural est ainsi associé à l'œuvre divine. En est-il une émanation ou une imitation ? La question n'est pas tranchée. En tout cas, le rapprochement des deux, que ce soit par émanation ou par comparaison, est une hérésie du point de vue des jurisconsultes. Il est pourtant évoqué par l'historien Ghiyas od-Din Khondemir (m. vers 1534) dans la préface au *Recueil* de lettres et documents officiels de Behzad, évoqué plus haut. Khondemir qualifie Dieu de « Peintre éternel ». « Sans [les] couleurs ni [le] calame » utilisés par les humains, il est muni du « calame de la Grâce » ; il « a reproduit les figures d'idoles splendides » et orné « la galerie du ciel et de la terre » dans « l'atelier de la Création ». « Il lui suffit de dire à une chose : “Sois !” pour qu'elle vienne à l'existence[1]. »

Doust-Muhammad (m. 1564) est moins lyrique. Ce peintre a confectionné un album de calligraphie à l'intention de Barham Mirza (m. 1549), frère du shah séfévide en exercice. Sur une quinzaine de feuillets, la préface aborde divers sujets en rapport avec l'art pictural[2]. À la différence des jurisconsultes, dont l'aniconisme se base sur la tradition

1. Nous reprenons la traduction de Mohammad Qazvini et Lucien Bouvat, « Deux documents inédits relatifs à Behzad », art. cité, p. 146-154.

2. Nous nous référons à la préface du livre, traduite par Thackston, *A Century of Princes*, *op. cit.*, p. 335-350.

orale, Doust-Muhammad recourt au fondement coranique de l'art pictural, partagé par l'ensemble de la profession. Le Seigneur a créé Adam selon sa forme, le ciel et la terre dans leurs plus belles parures [9a][1]. L'œuvre est si parfaite qu'on se demande ce que le calame des hommes et l'art de mêler les couleurs peuvent encore décrire [10b]. Il cite deux ou trois versets célèbres : « Par le calame et par ce qu'ils [les gens] écrivent » (68 : 1), le Seigneur « a instruit l'homme au moyen du calame et lui a enseigné ce qu'il ignorait » (96 : 4-5). L'historien Khondemir était plus formel : « Le verset "Il a instruit au moyen du calame" (96 : 4-5) est une métonymie exprimant les nombreux mérites de l'art d'écrire. » L'art de peindre est une espèce de calame, mais moins noble que la parole écrite. Doust-Muhammad les ramène tout de même à un régime commun : « Notre ordre est une seule parole » (54 : 50). Faute de hadiths qui confortent cette idée, le calame pictural est inséré dans une généalogie métahistorique qui le fait remonter aux origines du monde : l'art de peindre débute avec Adam, créé à l'image de Dieu. Les lettrés non religieux citent aussi Chapour (ou Shapur), peintre et conseiller du shah Chosrow II (r. 590-628), qui recourt à la magie pour brosser son portrait, si ressemblant qu'il trompe les sens. Il est montré à la princesse arménienne Chirine qui en tombe amoureuse[2]. Le prophète Mani est lui-même peintre. Mais Khondemir affirme que son ami Behzad a surpassé Mani et qu'Ali, gendre du prophète, embellissait son écriture par la calligraphie. Le Coran et les récits historiques rendent donc légitime l'art de peindre.

1. [9a] et plus loin dans le paragraphe [10b], [14a] et [14b] sont des références dans l'album de calligraphie de Doust-Muhammad.

2. D'après le poème « Chosrow et Chirine » de Nizami, rédigé entre 1165 et 1209. Voir le récit de Nizami : Yves Porter, « Le portrait dans l'Orient musulman prémoderne », *in* Houari Touati (dir.), *De la figuration humaine au portrait dans l'art islamique*, Leyde, Brill, 2015, p. 134-135.

Contre le dogme religieux, Abu al-Fazl 'Allami (m. 1602) consacre une longue section de son *Ain i Akhbari* (« Chroniques ») à « l'art d'écrire et de peindre ». Il apostrophe « les littéralistes bigots hostiles à l'art de peindre », un art qui est « une source de sagesse et un antidote au poison de l'ignorance ». Ces oulémas, dit-il, ont finalement bien compris combien l'empereur moghol Akbar (r. 1556-1606), dont il est le ministre, apprécie les peintres. Il attribue au souverain cet avis donné en sa présence : « Il m'apparaît, dit l'empereur, que le peintre a comme un moyen très particulier de reconnaître Dieu ; en crayonnant toute chose vivante et en en concevant les membres un à un, il doit en arriver à sentir qu'il ne peut donner une individualité à son œuvre, et il est ainsi forcé de penser à Dieu, le Donneur de vie ; et il augmente par conséquent ses connaissances[1]. » Doust-Muhammad est plus laborieux : il admet que la religion interdit la peinture sous le rapport externe de la loi, mais que cet art est légitime du fait même que ce sont les prophètes qui l'ont inventé. « Si, sous les dehors de la loi religieuse, les maîtres-peintres doivent se couvrir le visage de honte, ce qui néanmoins ressort des Écritures célestes est que cet art commence avec le prophète Daniel [14a] » (prophète ayant vécu à l'époque de la captivité à Babylone, au VIIe siècle av. J.-C.)[2]. Doust-Muhammad reprend un récit fabuleux circulant dès le IXe siècle – que nous reprendrons à notre tour au chapitre suivant – selon lequel ce prophète aurait « recopié » les portraits des prophètes (y compris Muhammad) peints par Dieu même à la demande d'Adam ! De quoi vaincre le sentiment de culpabilité du peintre, conclut Doust-Muhammad : « En conséquence, le

1. Nous reprenons la traduction anglaise du persan par Henry Blochmann, *The Ain i Akhbari by Abul-Fazl 'Allami*, Calcutta, Asiatic Society of Bengal, 1873, vol. 1, p. 108.

2. Préface traduite par Thackston, *A Century of Princes*, *op. cit.*, p. 343-344.

portrait n'est pas sans justification et la conscience du portraitiste ne doit pas être piquée par l'épine du désespoir » [14b].

Écrire et peindre

L'art pictural n'est pas autonome. C'est un art auxiliaire, inférieur à l'art d'écrire. C'est ce que pensent la plupart des peintres et des lettrés. Pourtant, Qadi Ahmad (m. après 1608) l'élève à la dignité de l'écrit. Cet auteur, un lettré originaire de Qom, la Ville sainte chiite, a fort probablement fréquenté des milieux artistiques pour pouvoir rédiger sur dix ans (1596-1606) *Gulistan-i Hunan* (*Le jardin des roses de l'art*), un compendium bibliographique contenant des centaines de fiches de calligraphes et de peintres. Dans la préface, l'auteur annonce vouloir écrire un traité sur l'invention de l'écriture calligraphique (qu'il fait remonter à Ali, gendre de Muhammad) et faire la biographie des maîtres-peintres[1]. Ce qu'il fait du reste, en reprenant de nombreuses idées à ses devanciers sur la technique picturale et l'histoire de la peinture, y compris ce qu'on appelle la « théorie des deux calames ». C'est au poète Abdi Beg Shiraz (m. 1580) qu'il doit ces vers :

Ô ouvroir du talent, pour lequel la Raison est devenue une bannière
Quel est le secret de l'art ? La pointe du calame
Le calame est artiste et peintre.
Dieu créa deux sortes de calames :
L'un ravissant l'âme, est sous la forme d'une plante
Et il est devenu la canne à sucre du lettré ;
L'autre genre de calame vient de l'animal

1. Nous nous appuyons sur l'édition et la traduction de Vladimir Minorsky, *Calligraphers and Painters : A Treatise by Qadi Ahmad, Son of Mir Munshi (circa A.H. 1015/A.D. 1606)*, Washington D.C., Smithsonian Institution, Freer Gallery of Art, Occasional Papers, 1959, p. 44.

Et ses lettres de noblesse découlent de la fontaine de la vie
Ô peintre des figures qui aurait pu séduire Mani
Les jours du Talent ont été embellis grâce à toi[1].

Des vers qui intriguent. Le « calame végétal » est une « grâce divine » tandis que le « calame animal » est une prédisposition, un certain talent. Qadi Ahmad poursuit : le « calame végétal » est à l'exemple des « nobles scribes », ces anges qui prennent note des agissements des hommes pour le jour du Jugement (82 : 11). Ils « savent de science certaine » (102 : 5) « par le Calame et ce qu'ils écrivent » (sourate « Le calame », 68 : 1). Le « calame végétal » est célébré dans le livre de la Création. Il honore de la grâce divine le prophète de l'islam et Ali son gendre, qui est à Muhammad ce qu'est Aaron à Moïse. En contrepoint, le « calame animal est la « brosse à poils » grâce à laquelle Mani et les « virtuoses » chinois et européens (*firangi*) se sont hissés jusqu'au « trône du Talent » et sont devenus « artistes » (*naqsh-band*) et « maîtres dans l'atelier de la gloire et de la destinée ». Qadi Ahmad se montre particulièrement enthousiaste à l'égard de l'inégalable art de peindre, de « la merveilleuse fantaisie », « l'étrange force innée » « la force de l'imagination » et « le raffinement naturel » du peintre portraitiste. Les deux calames sont aussi deux procédés techniques : l'écrit dispose de huit façons de calligraphier, la peinture de sept (sur le modèle des sept sphères célestes), dont trois sont en rapport avec des civilisations – le *khita'i* (chinois), l'*islami* (ou arabesque) et le *firangi* (européen)[2]. Ainsi, la théorie fournit une base non théologique à un geste pictural entouré de suspicion depuis

1. Yves Porter, « From the "Theory of the Two Qalams" to the "Seven Principles of Painting : Theory, Terminology, and Practice in Persian Classical Painting », *Muqarnas*, vol. 17, 2000, p. 109 ; Minorsky, *Calligraphers and Painters…*, *op. cit.*, p. 50.

2. Minorsky, *Calligraphers, and Painters…*, *op. cit.*, p. 58 et p. 178.

la rédaction des manuels de hadiths, au IXe siècle. Elle est aux antipodes de l'aniconisme dominant chez les hommes de religion. Elle ennoblit la peinture en en faisant l'une des modalités du Calame, le verbe divin par lequel tout advint !

L'art pictural culmine au XVIIe siècle avec deux œuvres, l'une technique, du miniaturiste Sadiqi Beg (auteur du premier traité sur la peinture), et l'autre théorique, celle des deux Calames, du lettré Qadi Ahmad. Et puis… plus rien. Yves Porter estime que cet effort demeure en deçà des deux œuvres majeures du *Quattrocento* italien, le *De Pictura* (1435) d'Alberti et le *Traité de la peinture* (avant 1437) de Cennini : l'art imite librement la nature, voire crée du réel en faisant croire que ce qui n'est pas soit[1]. Il aurait fallu renouveler la théorie esthétique, d'autant plus que le style européen (*firangi*) en peinture est déjà imité au XVe siècle en Turquie et au XVIe siècle en Iran[2]. Malheureusement, c'est la doctrine aniconique qui survivra dans les Temps modernes. Pourquoi ? Parce qu'en ce domaine comme en tout le reste, la modernité a été pensée avant tout comme un revivalisme des premiers temps : il suffirait de revenir aux premières intuitions, en les adaptant, pour être de son temps…

Une doctrine religieuse moderne des beaux-arts

Le monde musulman adopte sans aucune résistance les arts figuratifs, peinture et sculpture. Pour ce qui est de la peinture,

1. Leon Battista Alberti, *De la statue et de la peinture*, trad. fr. C. Popelin, Paris, A. Lévy éditeur, 1868, p. 67, p. 69 et p. 137 ; Cennino Cennini, *Traité de la peinture*, trad. fr. V. Mottez, Paris, Jules Renouard, 1858, p. 30.

2. Emine Fetvaci et Christiane Gruber, « Painting, from Royal to Urban Patronage », *in* Finbarr Barry Flood et Gülru Necipoglu, *A Companion to Islamic Art and Architecture*, John Wiley & Sons, Inc., 2017, p. 874-902, *loc. cit.*, p. 894.

la Turquie imite le style européen au XVe siècle, l'Iran au XVIe siècle (au moment de l'apogée de la miniature et de sa théorisation)[1]. En Turquie, Mehmed II (r. 1451-1481) est le premier souverain ottoman à se faire portraiturer, notamment par Bellini, dépêché d'Italie en 1480 à l'occasion des accords de paix conclus entre la République de Venise et l'Empire ottoman[2]. Les sultans se faisaient volontiers portraiturer. Ils tenaient cependant à ce que l'information ne soit pas ébruitée, de peur que leurs sujets ne s'en offusquent[3]. Toujours en Turquie, les cours de dessin sont introduits à l'École du génie militaire en 1795, tandis que l'École des beaux-arts voit le jour en 1883. En Iran, Fath Ali Shah (r. 1797-1834) commande un portrait selon les canons *farangi sazi* de la peinture européenne, ainsi que des bustes aux effigies des membres de la famille royale[4]. Il fait même de son effigie immortalisée, l'objet d'une dévotion[5]. L'école polytechnique Dar al-Funun (créée en 1851) introduit l'apprentissage de la peinture moderne et de la lithographie en 1861, soixante-dix ans après la Turquie. Les élèves étaient appelés à copier les peintres européens[6]. En Égypte, Mehmet Ali a son portrait en 1844. L'art figuratif était alors une véritable attraction publique, à en croire Gérard de Nerval qui dit avoir vu, une année auparavant, des

1. Emine Fetvaci et Christiane Gruber, « Painting, from Royal to Urban Patronage », art. cité, p. 894.

2. Le tableau est actuellement exposé à la National Gallery à Londres.

3. Sir Thomas W. Arnold, *Painting in Islam : A Study of the Place of Pictorial Art in Muslim Culture*, *op. cit.*, p. 39 et p. 132.

4. Layla S. Diba, « Images of Power and the Power of Images : Intention and Response in Early Qajar Painting », *in* L. S. Diba et Maryam Ekhtiyar (dir.), *Royal Persian Paintings : The Qajar Epoch 1785-1925*, New York, 1999, p. 30-31, p. 40-41.

5. *Ibid.*

6. Voir Maryam Ekhtiar, « Nasir al-Din Shah and the Dar al-Funun : The Evolution of an Institution », *Iranian Studies*, vol. 34, n° 1/4, Qajar Art and Society, 2001, p. 153-163, *loc. cit.*, p. 160.

fresques dans les cafés, les bazars, et même dans les cabarets[1]. Créée en 1908, l'École des beaux-arts encourage la technique du portrait dont Ahmad Sabry (m. 1955) est le héraut[2]. En Tunisie, Ahmad Bey (r. 1837-1855) a son premier portrait en 1846, durant son séjour en France. Il est également peint par un Tunisien en 1858. En cadeau de Napoléon III, Sadok Bey (r. 1859-1882) recevra son portrait exécuté par Auguste Moynier (1861). D'après Armand de Flaux, ce présent suscita « les clameurs des imams voyant dans le portrait d'un homme un acte d'idolâtrie[3] ». Comme ailleurs, l'école polytechnique du Bardo (créée en 1840) enseigne le dessin à partir d'un manuel, le *Traité de l'art du dessin*[4]. S'agissant de la sculpture, quoique la fabrication de statues soit hantée par le spectre des « pierres dressées » exécrées par le Coran, le sultan ottoman Abdelaziz (r. 1861-1876) s'offre une statue équestre. L'attrait pour les bustes et les statues équestres diminue durant le long règne d'Abdulhamid (r. 1876-1909). La réticence venait des milieux religieux. En Iran, c'est encore Fath Ali Shah qui installe dans des sites historiques et aux croisements des routes, des bustes aux effigies des membres de la famille royale[5]. Le clergé acquiesce[6]. En revanche, les oulémas s'opposent

1. Voir Klaus Kreiser, « Public Monuments in Turkey and Egypt, 1860-1916 », *Muqarnas, An Annual on the Visual Culture of the Islamic World*, vol. 14, 1997, p. 103-117, *loc. cit.*, p. 105.

2. Patrick Kane, « Egyptian Art Institutions and Art Education from 1908 to 1951 », *The Journal of Aesthetic Education*, vol. 44, n° 3, 2010, p. 43-68.

3. Armand de Flaux, *La Régence de Tunis au XIXe siècle*, Paris, Challamel aîné, 1865, p. 144.

4. Ridha Moumni, « Une réforme de l'art pictural ? La nouvelle représentation du pouvoir tunisien », *in* Ridha Moumni (dir.), *L'Éveil d'une nation*, Milan, Officina Libraria, 2016, p. 51-77.

5. Layla S. Diba, « Images of Power and the Power of Images... », art. cité.

6. Hamid Algar, *Religion and the State in Iran, 1785-1906 : The Role of the Ulama in the Qajar Period*, Berkeley (CA), University of California Press, 1969, p. 45-72.

vigoureusement en 1888 à shah Nasreddine (m. 1896) qui envisageait d'ériger sur une place publique une statue représentant son auguste personne, commandée au sculpteur français Gustave Craux. Le shah cède. Il déplace la statue dans le jardin royal… où elle sera détruite plus tard[1]. En Égypte, deux statues équestres à la gloire des khédives Mehmet Ali et Ibrahim sont inaugurées en 1873, une commande d'État au Français Jaquemart par le khédive Ismaïl (r. 1863-1879).

Trois arts nouveaux font leur entrée au XIXe siècle : la photographie, le cinéma et le théâtre. Les premiers clichés sont pris en Égypte (1839), en Turquie (entre 1842 et 1846) et en Iran (entre 1848 et 1854). Le cinéma gagne le monde musulman immédiatement après son invention : les premières projections ont lieu dès 1896 (en Égypte) et 1897 (en Tunisie et en Turquie). Enfin, côté théâtre, en Turquie la première pièce turque, *Le Mariage d'un poète* (1859) tourne en dérision, en pleine période des réformes, les oulémas corrompus. Le théâtre arabe commence en fait avec *L'Avare* de Molière, dans une adaptation due au chrétien libanais Marouan Naqqach et jouée à son domicile (1848). Dans ces conditions, les oulémas se doivent de réagir, pour encadrer un monde qui risque d'échapper à la normativité religieuse. Par petites touches successives, ils vont construire une nouvelle doctrine restrictive des beaux-arts, des arts sensibles (peinture et sculpture) et des arts visuels (photographie, théâtre et cinéma). La doctrine est sunnite, mais les chiites en partagent les grandes lignes. Elle voit le jour dans les années 1920-1930, à un moment où les fondateurs de l'islam radical sont étonnamment discrets. Pourtant, c'est sous l'influence du wahhabisme que l'aniconisme médiéval se muera en iconoclasme moderne.

---

1. Abrahimian, *Iran Between Two Revolutions*, Princeton (NJ), Princeton University Press, 1982, p. 41 ; Hamid Algar, *Religion and the State in Iran*, *op. cit.*, p. 181-182. Les deux auteurs ne donnent pas plus de précisions.

De l'image figurative à la « captation d'ombre »

Au début du XXᵉ siècle, trois auteurs légifèrent par fatwas à propos de l'image figurative : deux muftis d'Égypte, Mohamed Abdoh (m. 1905) et Mohamed Bakhit (m. 1935), ainsi que Rachid Ridha (m. 1935), disciple d'Abdoh. Ils feront jurisprudence – une jurisprudence plutôt ouverte néanmoins.

Dans *Voyage en Sicile*, Abdoh émet une fatwa, en dilettante, sur son chemin de retour au Caire, après un bref séjour en septembre 1903 à Tunis et Alger, deux villes qui l'ont accueilli avec les honneurs dus à son rang. Afin de préserver sa réputation, il publie sa relation de voyage sous un pseudonyme dans *Al-Manar* (*Le Phare*), une revue créée en 1898 à son instigation par son disciple Ridha. Subjugué par la splendeur des monuments siciliens, il se pose la question de savoir si la représentation figurative est licite pour l'islam, et il répond ceci : si le but de l'interdiction est d'éviter de se distraire du Seigneur et de tomber dans l'adoration des idoles, en l'absence de ces deux raisons, « la *charia* est loin d'interdire un des plus nobles moyens du savoir ». Abdoh n'en dit pas davantage[1]. Son disciple Ridha est intarissable sur l'image, tous procédés confondus, en réponse à des requêtes précises sur telle ou telle technique. Une première série de fatwas de sa main, à portée générale, reprend le point de vue d'Abdoh sur la licéité de l'image figurative (1902, 1904 et 1911)[2]. Une seconde série se

1. Mohamed Abdoh, « Voyage en Sicile », in *Œuvres complètes*, vol. 2, édité par M. Amara, Beyrouth, Dar al-Chourouq, 1993, p. 167-204, *loc. cit.*, p. 198-201.

2. Rachid Ridha, Question n° 3, *Al-Manar*, vol. 4, 24 mai 1902, p. 141-142 ; *Al-Manar*, vol. 6, 3 février 1904, p. 860-861 ; *Al-Manar*, vol. 14, 23 septembre 1911, p. 671-637.

prononce sur le théâtre : « Ni l'art en lui-même ni la performance des comédiens ne sont illicites », dit-il (1911)[1]. Non sans réserve cependant : il est interdit à une femme de se mêler aux hommes dans une pièce de théâtre, et les prophètes ne peuvent être représentés, de crainte que leur image ne soit dégradée (1918)[2].

En revanche, jouer le rôle de compagnon (du Prophète) dans une pièce de théâtre est licite (1931)[3]. En fait, le théâtre n'a jamais soulevé d'objections. Tahtawi (m. 1873) en parle avec admiration dans *L'Or de Paris* (1834), première relation de voyage en langue arabe[4]. Son fils Ali Beck évoque sa licéité dans la préface d'une pièce écrite par le copte Tadros Beck Wahbi, *Le Triomphe de Joseph le véridique* (1885) : faire du théâtre est « un devoir de bonne politique, licite en droit, tout naturellement permis par l'usage[5] », écrit-il.

Enfin, Ridha se prononce sur ce qu'il appelle le « capteur d'ombre » (l'appareil photographique), un procédé utile, écrit-il dans de nombreux domaines tels que la médecine, l'éducation, l'administration et la sécurité (1918)[6]. Pourquoi la photographie est-elle dite « captation d'ombre », littéralement « emprisonnement d'ombre » (*habs al-dhil*) ? C'est Mohamed Bakhti, mufti d'Égypte (1914-1920), qui en a élaboré la doctrine dans *Réponse suffisante sur la licéité de*

1. *Id.*, *Al-Manar*, vol. 14, 21 novembre 1911, p. 827-830.

2. *Id.*, Question 10, *Al-Manar*, vol. 20, 11 avril 1918, p. 310-316.

3. *Id.*, Réponse n° 68, *Al-Manar*, vol. 31, juillet 1931 (jour non mentionné), p. 735.

4. Rifa'a R. Tahtawi, *L'Or de Paris*, Paris, Sindbad, 1989, p. 154-157.

5. Tadros Beck Wahbi, *Inwan al-tawfiq fi qissat youssef al-seddiq* (Le triomphe de Joseph le véridique), Le Caire, al-Matba'a al-'ilmiyya, 1885. Nous nous référons à la réédition du ministère égyptien de la Culture, 2005, préface, p. 91.

6. Rachid Ridha, « Jugement portant sur la représentation imagée, la fabrication d'images et des statues et leur adoption », *Al-Manar*, vol. 20, 13 janvier 1918, p. 220-235 et p. 270-276 (suite).

l'image photographiée[1]. L'idée est que « la prise de photo n'est qu'une captation de l'ombre créée par Dieu ». À la base du raisonnement, il y a cette réflexion : « Ne vois-tu pas comment ton Seigneur étend l'ombre ? Il l'aurait faite immobile s'il l'avait voulu. Nous lui fîmes du soleil son guide, puis nous la ramenons à nous avec facilité » (25 : 45-46). Le grand mufti en déduit que l'ombre ne crée rien *ex nihilo*. Elle ne rivalise pas avec Dieu. Elle n'a pas d'essence propre, elle suit le corps en mouvement. Sa captation n'est donc ni une imitation de l'original ni une création inédite. D'Abdoh à Bakhit, les contours d'une doctrine moderne des arts visuels se dessinent.

Deux types d'images figuratives

Dans les années 1960, l'Égyptien Youssef Qaradhawi (m. 2022) donne à la doctrine sa mouture définitive. Membre historique des Frères musulmans, adoubé par le Qatar (sa patrie de substitution), il écrit en 1960 un premier ouvrage intitulé *Al-halal wal haram fil islam* (*Le Licite et l'Illicite en islam*), un abrégé de jurisprudence à l'usage du bon musulman, réédité plus de soixante-dix fois et traduit dans plusieurs langues[2]. Qaradhawi se prononce sur cinq arts : la sculpture, la

1. Non datée, la fatwa est publiée après 1920 : Mohamed Bakhit, *al-Jawab al-kafi fi ibahat al-taswir al-futugrafi* (Réponse suffisante sur la licéité de l'image photographiée), Le Caire, al-Matba'a al-Khayriyya, première édition (et dernière à notre connaissance), s.d. Il est curieux que les deux notices biographiques consacrées à Bakhit ne mentionnent pas la fatwa : Arthur Goldschmidt Jr., *Biographical Dictionary of Modern Egypt*, Londres, Lynn Rienner Publishers, 2000, p. 33 ; Jakob Skovgaard-Petersen, *Defining Islam for the Egyptian State : Muftis and Fatwas of the Dar al-Ifta*, Leyde, Brill, 1997, p. 134-140.

2. Youssef Qaradhawi, *Al-halal wal haram fil islam*, Le Caire, maktabat wahba, 1997, p. 90-106, p. 120-121 et p. 267-268 (traduction française non consultée, Paris, Al Qalam, 1995) ; *id.*, *Fatwas contemporaines*, Le Caire, Maktabat wahba, s. d., p. 1098-1102.

peinture, la photographie, le théâtre et le cinéma (qu'il réunit tous deux dans la même catégorie). Il les soumet à examen à travers une distinction esquissée par Ridha entre deux genres d'images, les images « matérialisées » (*mujassama*) dans un corps, sur le modèle des idoles, et les « non matérialisées » (*ghayr mujassama*), qui occupent une surface. La sculpture appartient à la première classe, celle des corporéités représentées (les idoles, les figures, la croix, le corps de femmes nues, les statues et les bustes décoratifs ou commémoratifs). Elles sont à bannir de l'espace public et de la maisonnée (en référence aux hadiths interdisant l'image figurée dans les demeures privées). La peinture relève des images occupant une surface mais non matérialisées dans un corps, ce qui précisément la différencie de la sculpture. Elle est licite pourvu qu'elle ne représente pas ce qui est prohibé : le Christ, Marie, les prophètes, les anges, Ali et Fatima et les souverains. Troisième classe d'images : la photographie, qui n'est « en aucun cas interdite » en ce qu'elle se contente de capter le réel, « ne crée rien et ne rivalise pas avec le pouvoir divin ». Enfin, quatrième et dernière classe, les arts de l'imagination (le cinéma, le théâtre et assimilés) sont licites à condition de ne pas inciter à la dépravation, de ne pas détourner le musulman de ses obligations et de ne pas favoriser la promiscuité entre hommes et femmes. Cette clause de la décence s'étend au chant, à la musique, à la danse et aux plaisirs et divertissements. Qaradhawi parachève ainsi la doctrine moderne des beaux-arts.

Le chiisme est dans la même disposition d'esprit. Au XIXe siècle, la photographie ne soulève en Iran aucune objection, parce qu'elle ne crée pas du réel[1]. Trois grands ayatollahs contemporains reprennent la distinction entre l'image

1. Layla S. Diba, « Qajar Photography and Its Relationship to Iranian Art : A Reassessment », *History of Photography*, vol. 37, n° 1, février 2013, p. 85-98, *loc. cit.*, p. 85-91.

figurative façonnée dans un corps (interdite) et celle qui ne l'est pas (licite) : ce sont l'Irako-Iranien Ali Sistani, le Libanais Fadhallah et l'Iranien Khamenei[1]. Mais comme nous le verrons plus loin, le chiisme en tire une conclusion absolument rejetée par le sunnisme : la licéité de l'image de Muhammad quand elle est non modelée dans des corporéités – donc rendue par la peinture, le théâtre, la télévision et le cinéma.

L'iconoclasme wahhabite

Les fondateurs de l'islam radical ne se sont pas préoccupés de l'image figurative, contrairement à un lieu commun qui consiste à tout leur imputer. Contemporain de Bakhit et de Ridha, Hassan al-Banna (m. 1945), le chef des Frères musulmans (1927), n'en dit rien. Tout au plus, le programme en cinquante points de son parti (1936) se propose-t-il de « faire preuve de vigilance dans le choix des pièces de théâtre et des films[2] ». Et Sayyid Kotb (m. 1966), le plus grand de leurs théoriciens, n'aborde pas non plus la question. Pourtant, l'aniconisme est un implicite impensé de sa doctrine, où la Seigneurie divine est menacée par l'idolâtrie païenne. Enfin, al-Mawdudi (m. 1979), chef du Parti islamiste au Pakistan (1941), ne consacre aucun de ses soixante-treize « bréviaires » à l'image figurative. C'est à peine s'il félicite par courrier Qaradhawi pour son « bel essai » (*Le Licite et l'Illicite*) qui enrichit sa bibliothèque personnelle. Le penseur islamo-qatari s'en prévaudra dans ses Mémoires.

---

1. Ali Sistani, *Minhaj al-Salihin* (La voie des justes), *Fatwas*, chapitre « Le commerce », questions 18 et 19, vol. 2, 2017, p. 20-21 ; Mohamed Hussein Fadhlallah, *Fiqh al-charia* (Manuel de droit islamique), Beyrouth, Dar al-Malak, 2010, § 174, p. 157-160 ; Ali Khamenei, *Al-Fatawat* (Les fatwas), questions-réponses 1218-1229, version électronique : https://www.leader.ir/ar/book/12.

2. Hassan al-Banna, *Mudhakkarat* (Mémoires de la prédication et du prédicateur), Koweït, Afaq, 2012, p. 281-283.

C'est bien le wahhabisme qui représente l'aniconisme dans sa forme primitive. Déjà son fondateur Ibn Abd al-Wahhab (m. 1792) avait condamné vigoureusement toute figuration dans « À propos des faiseurs d'images », un chapitre de son maître ouvrage sur *L'Unicité de Dieu*. Lorsqu'ils prennent les lieux saints, La Mecque, Médine, à deux reprises (1803-1806 et 1924), ses émules rasent les édifices religieux[1]. Mais la modernisation accélérée du royaume saoudien autour de 1970 force le clergé à revenir sur le sujet à travers plus d'une cinquantaine de fatwas, concoctées par le Comité permanent des recherches islamiques et de la délivrance des fatwas (créé conjointement avec le Conseil des Grands Oulémas en 1971).

La première fatwa d'Ibn al-Baz, président du Conseil de 1992 à 1999, remonte à l'année 1974[2]. Légalement, la représentation figurative n'y est pas qualifiée d'« impiété » (auquel cas le dessinateur serait considéré comme « infidèle »), mais de grand péché. À la lecture de ce fouillis d'avis juridiques redondants, laconiques et parfois non motivés, on apprend que toute image figurative d'un être animé est bannie, quel qu'en soit le support, et partout : à domicile, dans les lieux publics, dans la vie courante ou lors de festivités. Aucune différence n'est faite entre sculpture et peinture, icône et idole, vénération et admiration. Fort heureusement, la « loi » de la nécessité autorise les images figurant sur les monnaies ou

1. Voir Hamadi Redissi, *Le Pacte de Nadjd. Comment l'islam sectaire est devenu l'islam*, Paris, Seuil, 2007 ; réédition sous le titre *Histoire du wahhabisme. Comment l'islam sectaire est devenu l'islam*, Paris, Points, « Points Essais », 2016.

2. Comité permanent des recherches islamiques et de la délivrance des fatwas, *Fatwas*, édité par Ahmed b. A. Darwish, Riyad, Dar al-Muayyid lil nachr, vol. 1, 1990 : *Al-'Aqida* (Le dogme), p. 321-345. Voir quelques-unes de ses fatwas en français : http://www.alifta.net/Default.aspx?languagename=fr ; Ibn al-Baz, *Hukm al-Taswir* (Statut légal de l'image figurative), *Fatwa* (1974) reprise *in* Ibn al-Baz, *Fatwas wa maqalat* (Avis juridiques et autres), Riyad, Dar al-Qasam lil nachr, vol. 4, 1999, p. 206-224, *loc. cit.*, p. 210-222.

prises à des fins administratives (pièce d'identité, document de voyage, formulaire, fichier de police). Curieusement, la télévision est autorisée parce qu'elle n'est qu'« un outil » jugé en fonction de sa finalité compatible ou non avec la moralité islamique[1]. En fait, il s'agit d'un subterfuge car les oulémas ne peuvent bannir un instrument qui fait la gloire de l'« islam cathodique ».

Ce discours iconoclaste pousse les salafistes et les djihadistes à détruire les édifices figuratifs, les monuments funéraires et les dômes des marabouts, assimilés aux « pierres dressées » dont parle le Coran, et qu'il recommande d'éviter (5 : 90) comme nous l'avons dit. Des Talibans à Daech, tous détruisent les monuments. En réaction à cette fureur destructrice, cent vingt-six oulémas adressent une lettre ouverte au calife autoproclamé de l'État islamique en Irak et en Syrie, Abu Bakr al-Baghdadi, en lui reprochant de substituer à l'islam « une religion de cruauté, de brutalité, de torture et de meurtre » – mais en concédant que la destruction des édifices est une question en débat[2]. Oui, « en débat », par référence sûrement à ce hadith qui demande d'« aplanir les sépultures » et de « démolir les édifices » surplombant le sol, signes évidents de l'idolâtrie. La missive des oulémas est datée du 19 septembre 2014, une année avant la destruction de Palmyre, la « couronne des villes [...], supposée avoir été fondée par le roi Solomon », écrivait Abu Tahir al-Silafi, lettré chafiite égyptien (m. 1180), reprenant un poète qui dédiait ces vers à la cité :

---

1. Comité permanent des recherches islamiques et de la délivrance des fatwas, Question 6 de la fatwa 4513, in *Fatwas*, édition Ahmed b. A. Darwish, vol. 1, *op. cit.*, p. 461-462. L'idée de l'outil : Question 4 de la fatwa n° 2358, p. 458.

2. Voir la lettre ouverte en français sans la liste des signataires : http://www.lettertobaghdadi.com/wp-content/uploads/2014/11/french.pdf

J'ai vu beaucoup de places mais aucune
N'est aussi bien édifiée que Palmyre
Une place toute faite de pierres ciselées
À la voir, on est envahi d'admiration[1].

C'est dire que le débat sur la représentation figurative n'est pas clos. On peut objecter à juste raison que seul l'islam extrémiste rejette toute espèce de figuration. Mais ce n'est pas si évident dès lors qu'on pense à l'hostilité des oulémas envers l'idolâtrie, débusquée dans les images dites modelées dans des corps, ces sculptures que nous avons évoquées plus haut. Que dire alors de la représentation figurative du Prophète ? L'interdiction ne concerne aujourd'hui que le sunnisme. Comment et pourquoi les sunnites sont-ils épouvantés par cette idée ? Que nous dit l'histoire à ce sujet ?

1. A. Tahir al-Silafi, *Mu'jam al-safar* (Dictionnaire de voyage), Beyrouth, Dar al-Fikr, 1993, § 1457, p. 773. Voir la traduction anglaise de Franz Rosenthal, *The Classical Heritage in Islam*, Londres, Routledge, 1992, p. 265.

2

Visible / invisible Prophète

Exposé au regard

Jusqu'au début du XIIIe siècle, le portrait peint de Muhammad relevait de la légende, de la littérature et du tabou.

La légende raconte que l'empereur byzantin Héraclius aurait montré à une ambassade mandée par le premier calife Abu Bakr, vers 633, une série de portraits des prophètes, d'Adam à Muhammad. Ils étaient contenus dans un « coffre doré » à compartiments, chacun soigneusement conservé dans une « étoffe » (*khirqa*) « en soie de couleur noire ». À la vue du portrait de Muhammad, les ambassadeurs fondirent en larmes. Cependant, curieux, ils interrogèrent l'empereur sur la provenance de ces portraits. Héraclius leur répondit que Dieu les avait fait « descendre » du Paradis, à la requête d'Adam qui voulait voir les prophètes de sa descendance. Adam les aurait gardés dans son trésor, celé « à l'Occident », littéralement au « coucher du soleil » (*maghrib al-shams*). Ils sont découverts par le « Bi-cornu », littéralement l'homme aux deux cornes dont parle le Coran, un roi sage conquérant béni par Dieu (18 : 83-98). Le « Bi-cornu » (pris à tort pour Alexandre le Grand) les aurait confiés au prophète Daniel, lequel en aurait fait des copies de sa main, qui échouèrent entre les mains d'Héraclius !

Il ne faudrait pas minimiser ce récit fabuleux, forgé au IXe siècle, et ayant subi des ajouts et des arrangements[1]. Il a servi – nous l'avons vu au chapitre précédent – à la « théorie des deux calames » pour légitimer, vers la fin du XVIe siècle, la licéité de la peinture. En fait, Muhammad est reconnu par les ambassadeurs, car ils en connaissent les traits physiques. Une idée précise en est donnée dans les sources écrites, telle l'inégalable *Biographie du prophète* d'Ibn Hicham (m. 833), et dans la littérature hagiographique. De même pour les « caractéristiques » ou les « qualités du Prophète » (*shama'il*) : le premier exercice dans le genre est celui de Tirmidhi (m. 892)[2]. Dans la volonté de tout connaître du prophète qui a marqué la diffusion de l'islam les premiers siècles, rien n'est laissé au hasard. Sa manière d'être, de dire, d'agir, de se nourrir, de faire sa toilette, de se vêtir, de se mouvoir... : tout est décrit jusqu'au plus menu détail.

C'est le deuxième élément : les miniaturistes vont justement s'inspirer de cette littérature des caractéristiques et transposer les traits de Muhammad dans la peinture. Ils s'emparent même de la légende d'Héraclius dans *Les Merveilles des choses créées et les curiosités des choses existantes*, une version illustrée, au XVIe siècle, d'un ouvrage sur les merveilles de la terre. Avec cette différence que l'empereur Héraclius présente

1. Voir les différentes versions : Muhammad Hamidullah, « Une ambassade du calife Abu Bakr auprès de l'empereur Héraclius », *Folia orientalia*, vol. 11, 1960, p. 29-42 ; synthèse des récits : Oleg Grabar, « Les portraits du prophète Mahomet à Byzance et ailleurs », *Comptes rendus des séances de l'Académie des Inscriptions et Belles-Lettres*, 146e année, n° 4, 2002, p. 1431-1445 ; *id.*, « The Story of Portraits of the Prophet Muhammad », *Studia islamica*, n° 96, 2003, p. 19-38.

2. Tirmidhi, *al-Shama'il al-Muhammadiyya* (Les qualités de Muhammad), Sayyid 'Umran (éd.), Le Caire, Dar al-Hadith, 1996. Voir le portrait de Muhammad sur la base des sources écrites, Maurice Gaudefroy-Demombynes, *Mahomet*, Paris, Albin Michel, 1957, p. 207-209.

directement à Abu Bakr le portrait de Muhammad, et non à son ambassade[1] !

Le troisième élément est constitué par le tabou. La représentation figurative de Muhammad relève de l'impensé. On le peint mais on ne parle pas de cette image. À peine est-elle évoquée dans « De l'adoration des idoles [en Inde] et de leur description », un chapitre du *Livre de l'Inde*, œuvre magistrale du grand savant Biruni (m. 1050), traitant de tous les aspects de la civilisation indienne. Le polygraphe érudit doit expliquer la raison pour laquelle les idoles ont été créées : il est, dit-il, dans la nature des gens ordinaires de répugner à l'abstraction, ce qui pousse certaines religions à recourir à la « représentation figurative » (*taswir*) dans leurs livres et leurs rituels. La preuve en est que « si, par exemple, vous montrez l'image figurative du Prophète, de La Mecque ou de la Kaaba, à un homme ou une femme sans instruction, leur joie sera telle qu'ils embrasseront l'image, s'y frotteront les joues et se rouleront par terre, comme s'ils avaient vu l'original[2] ». C'est la peur de l'idolâtrie qui justifie selon Biruni l'interdiction de la représentation figurée en islam. Au XIIIe siècle, le portrait de Muhammad passe de la légende à l'histoire, de l'image mentale façonnée par l'écrit à l'image peinte, et de l'interdit au permis. L'invisible devient visible. C'est seulement le XXe siècle qui remettra l'invisibilité de Muhammad à l'ordre du jour.

1. Voir l'illustration : Muhammad b. Ahmad al-Tusi Salmani, *Aja'ib al-makhluqat wa ghara'ib al-mawjudat*, Paris, BnF, Supplément persan 332, Bagdad, 790/1388, folio 162 (disponible sur Gallica : https://gallica.bnf.fr/ark:/12148/btv1b8422994d/f337.item.zoom).

2. Nous traduisons de la version arabe éditée par le Dr Edward C. Sachau (en un seul volume) : *Alberuni's India*, Londres, Kegan Paul, Trench, Trübner & Co., 1887, p. 53 ; une version traduite légèrement différente du même Sachau : *Alberuni's India*, Londres, Kegan Paul, Trench, Trübner & Co., 1910, vol. 1, p. 111.

Portraiturer Muhammad au XIIIe siècle (1250-1307)

Les plus anciennes représentations figuratives de Muhammad se situent aux alentours des années 1200 et 1250, la seconde date étant la plus plausible. Il s'agit de deux planches qui font partie d'un cycle de soixante et onze miniatures, pour illustrer *Warqa wa Gulsha* (Varqe et Golšâh), un roman d'amour persan en vers, conservé dans un manuscrit unique à Istanbul[1]. Bénis par la parentèle, Varqe et Golšâh, cousin et cousine, s'apprêtent à convoler en justes noces quand le destin en décide autrement : diverses péripéties épiques précipitent la mort des fiancés. Les faits se déroulent aux alentours de l'année 623 en Syrie, alors que Muhammad était à Médine. Attristé par la nouvelle, il se rend sur leurs tombes, devenues un lieu de pèlerinage. Il appelle Varqe et Golšâh : le Seigneur exauce ses vœux et les ressuscite.

Muhammad apparaît dans deux planches, en rapport avec deux épisodes du récit[2]. Dans la première, il est au beau milieu, en conversation avec le roi de Syrie (l'un des nombreux prétendants de Golšâh, accompagné d'un intendant). À sa droite se tiennent les quatre premiers califes successeurs de Muhammad (Abu Bakr, Umar, Othman et Ali) dont les noms sont transcrits dans le champ pictural, sans aucune préséance accordée à Ali, gendre de Muhammad (ce qui suggère que le roman est de facture sunnite). La seconde planche représente le Prophète ressuscitant Varqe et Golšâh. Vêtu d'une tunique et de la *burda*, sa cape légendaire, le visage entouré d'une auréole, il est assis au milieu des quatre califes et accompagné du roi de Syrie.

---

1. Assadullah Souren Melikian-Chirvani, « Le roman de Varqe et Golšâh. Essai sur les rapports de l'esthétique littéraire et de l'esthétique plastique dans l'Iran pré-mongol, suivi de la traduction du poème », *Arts asiatiques*, t. 22, 1970, p. 1-264 (le roman proprement dit, p. 99-247).

2. *Ibid.*, table des illustrations, figures 64 et 65.

Or, en ce milieu du XIIIe siècle, le califat était déjà dépecé au profit des Ilkhanats (royaumes des rois khans, mongols), le plus célèbre étant l'Ilkhanat de Perse. Nous avons vu ce que l'art pictural leur doit (chapitre 1). La biographie de Muhammad devient une trame narrative donnant lieu à de grandes compositions sous la forme de livres illustrés confectionnés dans des ateliers de peinture qui essaiment un peu partout dans le monde musulman. Il aura donc fallu des Mongols pour que le prophète de l'islam devienne un thème de la peinture… Ils ont l'avantage d'ignorer l'islam ou de lui être indifférent : c'est ce qui explique leur audace[1]. Mais le message de ces œuvres est avant tout politique : ils veulent marquer leur prééminence. La période ilkhanide nous lègue ainsi une trentaine de beaux livres dans lesquels les portraits de Muhammad sont chevillés au texte écrit (pour un effet de redondance), le complétant ou s'en écartant.

Muhammad figure aussi en frontispice de *Marzubannama*, une collection de fables illustrées (1299) à partir d'un *nama* (« livre ») écrit par Marzuban, souverain d'une partie de l'Iran du nord au Xe siècle. C'est la deuxième représentation figurative de Muhammad. Elle sert de support visuel aux louanges en usage pour Muhammad qui introduisent le livre[2]. À la même époque, trois beaux livres insèrent chacun des cycles entiers de dessins parmi lesquels apparaît la figure du Prophète : les *Vestiges du passé*, *Tabari-Bal'ami* et *Jami' al-Tawarikh* (Histoire universelle, ou Compendium des chroniques). Nous allons nous arrêter un peu sur ces images, mais disons déjà que deux éléments en ressortent : Muhammad est un prophète annoncé par les Écritures saintes antérieures, et c'est un prophète armé.

1. Robert Hillenbrand, « Propaganda in the Mongol "World History" », *British Academy Review*, n° 17, mars 2011, p. 29-38, *loc. cit.*, p. 37.

2. Sheila S. Blair, « The Development of the Illustrated Book in Iran », *Muqarnas*, art. cité, p. 267.

Ce qui correspond à l'idée que se faisaient à l'époque les musulmans et les khans mongols d'eux-mêmes[1].

Vestiges du passé est au départ un essai comparé des calendriers adoptés par diverses civilisations et étoffé de considérations astronomiques et mathématiques[2]. Son auteur, Biruni, qui est aussi celui, nous l'avons vu, du *Livre de l'Inde*, parlait des religions avec détachement. Alors qu'il était sunnite, il avait une grande sympathie pour le chiisme. La version illustrée des *Vestiges* date des années 1307-1308. Elle comprend vingt-cinq miniatures, dont cinq mettant en scène Muhammad, soigneusement disposées au début, au milieu et à la fin du manuscrit[3]. Elles sont en phase avec le thème de l'annonce biblique : Muhammad et Jésus entrent à Jérusalem, chevauchant respectivement un chameau et un âne. À l'entrée de la ville, on voit un « guetteur » en poste à la fenêtre d'une citadelle, dans l'attente d'un attelage annonçant la chute de Babylone. Le texte se réfère en substance à Isaïe (Isaïe 21. 6-9) sans le citer littéralement.

---

1. Nous nous référons aux manuscrits en langue arabe pour les *Vestiges du passé* et l'*Histoire universelle*. Pour ce qui est du texte en persan de *Tabari-Bal'ami*, nous nous sommes appuyés, pour le comprendre, sur des travaux faisant autorité, notamment la thèse de doctorat de Teresa Fitzherbert, « Bal'ami's Tabari » : *An Illustrated Manuscript of Bal'ami's Tarjama-yi Tarikh-i Tabari in the Freer Gallery of Art*, Washington (fragments F59.16,47.19 et 30.21), Edinburgh College of Arts, Thesis and Dissertation Collection, 2 vol., 2001.

2. Le manuscrit illustré *Al Biruni's Chronology of Ancient Nations* d'Ibn al-Kutbi daté de 1307-1308 fait partie des archives de l'université d'Édimbourg (University Library, arab 161). Nous l'avons consulté en version électronique : Oriental Manuscript Digital Book, http:// images.is.ed.ac.uk.

3. *Al Biruni's Chronology of Ancient Nations* : *Mohammad sur le Minbar interdisant le mois intercalaire*, folio 6v, éditions Édimbourg électronique, p. 20 ; *Muhammad en compagnie de Jésus sur leurs montures entrant à Jérusalem*, folio 10, p. 29 ; *Muhammad en compagnie de sa famille et les ambassadeurs du faux prophète Musaïlima*, folio 92a, p. 191 ; *Muhammad en compagnie de sa famille et les chrétiens de Najran*, folio 161b, p. 329 ; *Muhammad proclamant Ali successeur à Ghadir Khumm*, folio 162a, p. 331.

Tabari-Bal'ami (ou *Tarikhnama*) est la version illustrée, au début du XIVe siècle, de la traduction en persan par Bal'ami des *Annales* de Tabari (tous deux auteurs du Xe siècle)[1]. Sur les huit miniatures, trois ont rapport avec la légitimation de la prophétie de Muhammad : les anges qui nettoient le cœur du Prophète à l'âge de 3 ans, la généalogie de Muhammad, d'Adam à son père biologique, et la conversion des sept anges à la lecture, dit-on, du Coran.

Jami' al-Tawarikh est composé à Tabriz de 1307 à 1310 sur instruction de Ghazan (m. 1304), septième khan, de mère chrétienne, éduqué dans le bouddhisme et converti à l'islam (en 1295)[2]. Il charge un autre converti, juif d'origine, Rashid al-Din, médecin et scribe, de superviser la confection d'une œuvre historique qui inscrit les Mongols dans l'histoire longue. L'œuvre est achevée après la mort de son commanditaire. Mais cette somme historique renferme une débauche de miniatures[3]. La version arabe est préservée partiellement, en deux fragments vraisemblablement issus d'un même manuscrit[4]. Les

1. Le manuscrit illustré *Bal'ami* en deux volumes (368 folios) est détenu par Freer Gallery of Art et Arthur M. Sackler Gallery, Washington, fragments F59.16,47.19 et 30.21. Il est en ligne, libre d'accès sur le site https://www.si.edu/Museums/freer-gallery. Les miniatures figurent également dans Teresa Fitzherbert, « Bal'ami's Tabari » : *An Illustrated Manuscript…*, *op. cit.*, vol. 2, p. 160-162 (la première planche) et p. 167-200 (les sept autres).

2. Nous nous appuyons sur Sheila S. Blair, « Illustrating History : Rashid al-Din and His Compendium of Chronicles », *Iranian Studies*, vol. 50, n° 6, 2017, p. 1-24.

3. 49 miniatures illustrent l'histoire des Mongols et des Turcs, 109 l'histoire de la Chine, 27 l'histoire de l'Iran et de l'Arabie préislamique, 8 l'histoire des Juifs et 13 concernent la vie de Muhammad.

4. Le fragment Édimbourg (Arabic ms. 20) est disponible à la lecture sous forme numérique : *Rashid Al-Din's World History* : http:// images.is.ed.ac.uk. Le fragment Khalili (collection privée Khalili, MSS 727) est en partie disponible : http://www.khalili.org/collections/category/1#object/MSS-727. Le manuscrit d'Édimbourg est publié par David Talbot Rice, *The Illustrations to the "World History" of Rashīd al-dīn*, Basil Gray, Édimbourg, 1976, et le manuscrit Khalili

treize planches représentent un cycle complet de Muhammad prophète (fragment Édimbourg, 1307) et guerrier (fragment Khalili, 1314). De la dizaine de l'édition Édimbourg, quatre mettent en scène des signes de la prophétie. Pour inscrire Muhammad dans le récit biblique, la première copie la scène de la Nativité à partir d'œuvres d'art chrétiennes. Il est établi que la cour mongole en avait quelques-unes[1]. La scène représente les trois rois mages en trois femmes et fait passer l'oncle de Muhammad pour Joseph, au chevet du nouveau-né. Cette miniature est la seule à être absolument en décalage par rapport au texte de l'*Histoire universelle*, qui parle plutôt d'un « personnage descendant du ciel [et non de trois] » qu'Amina, sa mère, aurait vu en songe. Elle en informe son oncle, absent au moment de l'accouchement, mais présent dans la miniature.

Naissance de Muhammad, *Jami' al-Tawarikh*, 1307,
Édimbourg, ms. arab 20, fol. 42r.

par Sheila S. Blair, *A Compendium of Chronicles : Rashid al-Din's Illustrated History of the World*, Londres, The Nour Foundation en association avec Azimuth Editions et Oxford University Press, 1995 (non consultés).

1. Priscilla P. Soucek, « The Life of the Prophet : Illustrated Versions », in *id.* (dir.), *Content and Context of Visual Arts in the Islamic World*, University Park & London, Pennsylvania State University Press for the College Art Association of America, 1988, p. 193-218, *loc. cit.*, p. 200.

La seconde planche est extrêmement importante. Son thème servira, au xxe siècle – nous le verrons plus loin – à un étrange portrait de Muhammad, mêlant le réel et l'imaginaire, qui apparaît en Iran khomeyniste[1]. Cette seconde miniature représente la rencontre du jeune Muhammad avec Bahira, un moine chrétien reclus à Busra (Syrie) qui aurait annoncé l'apostolat futur du jeune homme alors que celui-ci, à l'âge de 12 ans, accompagnait son oncle dans un voyage pour faire du commerce. Le présage est contesté par les chrétiens d'Orient qui ont fait circuler vers le xe siècle *Le Récit de Bahira* où le moine admet avoir prodigué un temps des enseignements bibliques à Muhammad, lequel a tout gâché en prétendant à la prophétie. La scène est reproduite librement. On voit le jeune homme protégé par le ciel (dessiné en bleu), la tête couverte d'un turban avec des tresses à hauteur d'épaules. Elle ajoute des éléments absents du récit écrit : Bahira dirige une délégation de religieux (comme pour évoquer une onction collective) ; et l'ange tient de la main gauche un encensoir d'or qui asperge le jeune Muhammad de parfum, tout en lui tendant de la main droite un parchemin.

Muhammad à la rencontre du moine Bahira,
Jami' al-Tawarikh, 1307, Édimbourg, ms. arab 20, fol. 43v.

1. Voir ci-dessous la troisième section (la singularité chiite).

La troisième miniature a pour motif l'annonce de la prophétie par l'ange Gabriel : il pointe du doigt Muhammad et lui ordonne : « Lis ! Car ton Seigneur est le Très-Généreux qui a instruit l'homme au moyen du calame » (96 : 3-5), verset coranique au fondement – nous l'avons vu – de la théorie esthétique des deux calames.

La dernière planche immortalise le voyage nocturne effectué de Jérusalem au ciel (d'où le nom de « Voyage nocturne » ou d'« Ascension »), auquel est entièrement consacrée la sourate 17 (« Le voyage nocturne »). Le support écrit se réfère au récit de Muhammad lui-même. La Tradition écrite veut que « le cheval ailé » soit de couleur blanche et la queue du cheval rappelle celle du paon. Dans la miniature, Muhammad, la cape balayée par le vent, monte un Bouraq, ce coursier fantastique, représenté pour la première fois comme un quadrupède au buste et au visage de femme, portant une couronne et tenant un livre fermé. Il n'est pas ailé. Le Bouraq est accueilli par deux anges dont l'un porte une coupe en or. En arrière-fond un ange tient une épée, annonçant le prophète armé.

Le voyage nocturne de Muhammad, *Jami' al-Tawarikh*, Édimbourg, ms. arab 20, fol. 55r.

Les trois miniatures de *Jami' al-Tawarikh* conservées dans le manuscrit Khalili complètent celles d'Édimbourg en faisant du prédicateur un guerrier[1]. Dans la première, on voit Muhammad encourager les siens au combat lors de la bataille de Badr (624), du nom d'une vallée pourvue de sources entre La Mecque et Médine. Elle verra la victoire des croyants malgré leur infériorité numérique, grâce à l'assistance divine. *Tabari-Bal'ami* consacre deux miniatures à Badr. Dans l'une, les anges volent au secours de Muhammad au galop sur un cheval noir, alors que toutes les sources écrites s'accordent à dire qu'il n'a pas pris part directement au combat. Dans l'autre, deux épisodes illustrant la victoire sont réunis en un seul tableau : Muhammad s'adresse aux Koraychites morts, jetés dans une fosse commune (il leur reproche d'avoir cherché l'affrontement) et Abu Jahl, farouche adversaire de la nouvelle croyance, est exécuté. *Tabari-Bal'ami* passe aux autres confrontations. À la bataille perdue d'Uhud (625), un mont près de Médine, Muhammad, le visage bien en relief, la barbe noire fournie, les deux tresses au rebord de son turban, est à pied. Il tient une lance avec laquelle il blesse mortellement un Koraychite au cou. À Taïf (630), il est peint sous des traits mongols, ce qui laisse supposer que plusieurs mains se sont relayées pour fabriquer le manuscrit[2].

Si *Tabari-Bal'ami* a donc pour matière la carrière militaire de Muhammad, les expéditions contre les Juifs n'y figurent pourtant pas. En revanche, le manuscrit Khalili consacre deux tableaux à l'expulsion de deux des trois tribus

1. *Le prophète Muhammad exhortant les siens avant la bataille de Badr*, folio 5a ; *Le prophète Muhammad dirigeant Hamza et les musulmans contre les Banu Qaynuqa'*, folio 6a et *Le Prophète Muhammad recevant la soumission des Banu Nadhir*, folio 8a : http://www.khalili.org/collections/category/1#object/MSS-727.

2. Teresa Fitzherbert, « Bal'ami's Tabari » : *An Illustrated Manuscript...*, *op. cit.*, p. 198.

juives vivant aux alentours de Médine. L'une, « Le prophète Muhammad dirigeant Hamza et les musulmans contre les Banu Qaynuqa‘ », décrit la marche des troupes sur le fortin (625) : Muhammad est à cheval, légèrement détaché d'une cohorte à cheval de cinq guerriers. Auréolé de lumières, il est entouré de neuf anges (ce dont le récit historique ne parle pas). Dans le second tableau, « Le prophète Muhammad recevant la soumission des Banu Nadhir » (626), Muhammad dirige une délégation de six combattants. Ils sont à pied, tandis que lui est à cheval. Un ange lui tend un codex de la main gauche et l'asperge de parfum de la main gauche, un motif non mentionné dans le texte écrit. Pourquoi Rashid al-Din a-t-il décidé d'illustrer l'abdication des Juifs ? Voulait-il exprimer sa loyauté à la nouvelle religion, ou plaire aux khans ? Il n'est pas exclu qu'il ait cherché à se protéger contre de puissants rivaux à la cour mongole, qui ont fini par l'assassiner en 1318, une année après le décès de son protecteur[1].

Une visibilité négociée

Entre le XIIIe et le XIVe siècle, Muhammad apparaît donc peint en pleine lumière. Au milieu du XIVe siècle, il chevauche un Bouraq rouge, dans une version illustrée de *Kalila wa dimna* (noms de deux chacals) un recueil de fables du VIIIe siècle, d'inspiration indoue, écrit par Ibn Muqaffa‘ (m. 759). Il est vêtu d'une robe bleu vif. Baignant dans un halo de lumières, la tête est couverte d'un turban qui se prolonge dans un châle de la même couleur (*shemla*), descendant jusqu'à la poitrine, les cheveux séparés par deux tresses qui lui arrivent jusqu'au bassin. Il est de forte corpulence, ses épaules

1. Priscilla P. Soucek, « The Life of the Prophet », in *id.* (dir.), *Content and Context of Visual Arts*, *op. cit.*, p. 201.

sont larges, sa barbe noire et ses sourcils en forme d'arc[1]. On le voit encore dans le *Livre de l'Ascension* (*Mi'rajnama*, 1317), entouré des prophètes abrahamiques, au Dôme du Rocher à Jérusalem. Vers le XVe siècle, le visage cède la place, du point de vue iconographique, à un « vide », ou bien il est dissimulé derrière un voile, avant qu'il devienne finalement invisible, remplacé vers le XVIe siècle par un halo lumineux[2]. Tel est le cas de l'ascension au ciel sur le cheval ailé dans *Siyar-i Nabī*, une version turque illustrée de la *Biographie du prophète* d'Ibn Hicham, commandée par le sultan ottoman Murad, célèbre pour le soutien qu'il apporte aux arts. Achevée en 1595, elle contient 814 illustrations[3].

Ce régime de visibilité déplace le corps physique exposé au regard vers l'*idée* du corps. C'est comme si un cycle long se refermait alors. Il avait commencé au IXe siècle avec l'image mentale suscitée par la littérature (métahistorique et hagiographique), et il finit en retirant Muhammad à la visibilité, donnant de nouveau libre cours à l'imagination pour que le fidèle s'en fasse une idée, un peu comme pour Dieu, qu'on voit par le cœur ou l'œil de l'esprit. La sacralisation du prophète de l'islam dans l'imaginaire est ainsi poussée à son comble. Est-ce la fin définitive du cycle figuratif de Muhammad sur le modèle de *Varqe et Golšâh* (XIIIe siècle), comme l'écrit Gruber ? Pas si sûr. La chercheuse reconnaît que Muhammad

---

1. L'illustration est disponible en version numérique : *Le Mir'aj du prophète Muhammad, représenté ici monté sur la jument Buraq et accompagné de deux anges*, dans *Kalila va Dimna*, traduction Nasrallah Munshi, probablement Chiraz vers 1350-1400, Paris, Bibliothèque nationale de France, Suppl. Persan Ms. 376, folio 2v.

2. Voir Christiane Gruber, « Between Logos (Kalima) and Light (Nur) : Representations of the Prophet Muhammad in Islamic Painting », *Muqarnas*, vol. 26, 2009, p. 229-262.

3. *Siyar-i Nabī,* Mir'aj, folio 5a, fig. 25, publiée par Carol Garrett Fisher, « A Reconstruction of the Pictorial Cycle of the "Siyar-i Nabī" of Murād III », *Ars Orientalis*, vol. 14, 1984, p. 75-94.

est encore visible au XVIe siècle dans la version illustrée de *Bustan* (« Le Verger »), du poète Saadi (m. 1291). Au XVIIe siècle, Muhammad est présent au milieu des membres de sa famille et de ses quatre compagnons, écrit Arnold[1].

À partir de 1800, les images figuratives de Muhammad se font rares. Mais elles ne disparaissent pas. Il chevauche encore le Bouraq dans un accoutrement « modernisé », typique des Moghols d'Inde durant le règne d'Akbar Shah (1806-1837), dans une fresque des années 1820-1830[2]. Et dans une peinture ottomane du XIXe siècle, il est encore assis, l'épée sur les cuisses, sur fond de paysage d'allure européenne (effet probable de l'influence européenne sur l'art islamique)[3]. C'est à peu près tout, et c'est très peu. En fait, le monde sunnite se montre de plus en plus rétif à la représentation figurative de Muhammad, une tradition qui perdure pourtant dans les milieux chiites.

L'impossible représentation de Muhammad

Jusqu'au XIXe siècle, les portraits de Muhammad circulent dans un cercle restreint, dans les palais, à l'abri des regards indiscrets. On en a un indice dans la réaction de Jabarti, chroniqueur de l'expédition de Bonaparte en Égypte. Quand il entre dans la bibliothèque installée par les Français, il dit

---

1. Sir Thomas W. Arnold, « An Indian Picture of Muhammad and His Companions », *The Burlington Magazine for Connoisseurs*, vol. 34, n° 195, juin 1919, p. 250 ; miniature, p. 249-251 et p. 253, *loc cit.*, p. 251

2. *Le prophète Muhammad montant le Buraq*, 1820-1830, Lucknow ou Delhi, accessible à la page d'accueil de The Art Gallery of South Australia :

https://www.agsa.sa.gov.au/collection-publications/collection/works/portrait-of-the-prophet-muhammad-riding-the-buraq/24557/

3. Oleg Grabar, « The Story of Portraits of the Prophet Muhammad », art. cité, p. 34 et illustration, figure 3, p. VIII.

y avoir vu « un grand livre sur la vie du Prophète, dont ils avaient dessiné le portrait de leur mieux, suivant les connaissances qu'ils en avaient [...] C'était étourdissant[1] ! » Visiblement étonné, il voit pour la première fois un portrait de Muhammad. Au XIXe siècle, le « petit » siècle des Lumières arabes, les esprits se libèrent avec les deux mouvements dits de la *Nahdha* (« Renaissance ») laïque affranchie de la religion et de l'*Islah* (« Réforme »), appelant à régénérer l'islam de l'intérieur. Qu'advient-il de la représentation des figures sacrées ? Les choses n'étaient pas encore fixées comme elles le seront plus tard. Une belle preuve en est fournie par *Les Aventures de Télémaque*, de Fénelon, un classique du théâtre dans les pays arabes jusque dans les années 1920. Traduit en prose rythmée (1854) par le premier voyageur arabe en France, Tahtawi, le livre a en effet été adapté au théâtre par le Libanais Salim Bostani quelques années après (1869)[2]. Certes, la déesse Minerve qui accompagne Télémaque dans son périple est déguisée en Mentor, mais elle se fait connaître à la fin de la pièce, au grand bonheur d'un public qui applaudit à tout rompre à « l'incroyable spectacle de Jupiter enveloppé d'un nuage descendant de l'azur[3] ».

La censure religieuse ne laissera pas une expérience de ce type se reproduire : *Le Triomphe de Joseph le véridique* en 1885 aura un dénouement moins heureux. La pièce, écrite par le copte Tadros Beck Wahbi dans le strict respect du récit coranique et la pure tradition des *Séances* (*maqamat*, une prose rythmée), recourt à un curieux procédé scénique. Il

1. Jabarti, 'Uyun, trad. fr. J. Cuoq, *Journal d'un notable du Caire durant l'expédition française 1798-1801*, Paris, Albin Michel, 1979, p. 91.

2. Nous avons consulté l'édition « corrigée et établie par le maître Shahine Attiya », Beyrouth, al-Matba'a al-lubnaniyya, 1885.

3. *Al-Ahram* n° 2424 du 22 janvier 1886, cité *in* Said Ali Ismaël, *Tarikh al-masrah* (Histoire du théâtre en Égypte au XIXe siècle), Le Caire, al-Hay'a al-misriyya al-'amma lil kitab, 1998, p. 142.

consiste à interposer un écran entre les protagonistes bibliques absents et leurs porte-parole. Ainsi, le « représentant de Joseph [en fait Joseph] dit » et « le représentant de Jacob » lui donne la réplique. Le texte est préfacé par Ali Beck, le fils de Tahtawi. La pièce aura un succès remarquable durant une dizaine d'années, avant d'être interdite en 1893. Un officier de haut rang, fort d'une brigade de police, se présente le soir au théâtre de Damiette. Il dit agir sur requête des oulémas pour empêcher la représentation, « afin d'éviter un massacre[1] ! ». C'est la première interdiction politico-religieuse d'une pièce où est joué le rôle d'un prophète. Au xxe siècle, le sunnisme se raidit davantage encore sur la question. Même un converti comme le peintre Étienne Dinet (m. 1929) évite soigneusement, dans *La Vie de Mohammed* (1918), d'en esquisser le portrait[2]. C'est l'année d'une des fatwas de Rachid Ridha – déjà évoquée –, qui interdit de représenter les prophètes dans les arts scéniques afin de préserver l'image mentale imprimée dans l'esprit[3]. Pourtant, des représentations figurées des prophètes, y compris du prophète de l'islam, circulent encore sous la forme d'imageries populaires en couleurs (affiche, cartes postales, lithographies) au Caire vers 1920 et à Alger en 1930[4].

1. Said Ali Ismaël, *al-Raqaba* (La censure et le théâtre, 1923-1988), Le Caire, al-Hay'a al-misriyya al-'amma lil kitab, 1997, p. 25.

2. Étienne Dinet et Sliman Ben Ibrahim, *La Vie de Mohammed, Prophète d'Allah*, illustrations d'É. Dinet, décorations de M. Racim, Paris, Piazza, 1918 (réédité de nombreuses fois ; la dernière en date aux éditions Klincksieck, 2014, préfacé par Ysabel Saïah-Baudis et Dominique Baudis). Voir l'analyse illustrée, François Pouillon, « Legs colonial, patrimoine national : Nasreddine Dinet, peintre de l'indigène algérien », *Cahiers d'Études africaines*, vol. 30, cahier 119, 1990, p. 329-363.

3. Rachid Ridha, Question 10, *Al-Manar*, vol. 20, 11/4/1918, p. 310-316 (cf. *supra* p. 46, partie I, chap. 1, section 3).

4. Les figurations représentent des prophètes, notamment Noé et Abraham, disponibles à l'adresse : https://drouot.com/l/14630280 ; et images nombreuses à visualiser sur le site : https://www.gros-delettrez.com/search/

1926-1972 : vers la formulation de l'interdit

C'est en 1926 que la question est abordée de front. Cette année représente donc un tournant – « réactionnaire » en l'occurrence – avec l'opposition des oulémas d'al-Azhar, la prestigieuse université sunnite du Caire, à la réalisation d'une coproduction germano-turque, *Le Prophète Muhammad*. Précisons que deux procès en blasphèmes auront lieu à la même période contre deux intellectuels égyptiens libéraux, Ali Abderrazak (m. 1966) en 1925 et Taha Hussein (m. 1973), l'année suivante. Le premier dénie au califat politique tout fondement religieux et le second doute de l'historicité de la généalogie des Arabes (rien ne prouve, dit-il, l'existence d'Abraham et d'Ismaël, les ancêtres des Arabes)[1]. C'est dire que la censure religieuse ne concerne pas uniquement la représentation figurée du Prophète.

L'opposition du cartel des oulémas d'al-Azhar au projet de la société allemande Markos de tourner *Le Prophète Muhammad* est appuyée par la presse, les élites intellectuelles et même des artistes[2] ! Furieux contre cette initiative, ils inondent les journaux de protestations, de menaces et de récriminations pendant plus d'un mois. Le 17 mai 1926, la revue *Le Théâtre* informe le public que le réalisateur turc arabisant Wedad Orfi

---

solrSearch?language=fr&query=imagerie+populaire. Une carte postale met en scène Muhammad avec son compagnon Abu Bakr, sur le chemin de Médine devant la grotte où ils se sont réfugiés, fuyant les infidèles mecquois lancés à leur poursuite (622), disponible à l'adresse : https://www.pinterest.com/pin/856387685376412866/

1. Ali Abderrazak, *L'Islam et les fondements du pouvoir*, trad. fr. Abdou Filali-Ansary, Paris, La Découverte, 1994 ; Taha Hussein, *Fi al-shi'r al-jâhili* (De la poésie préislamique), Le Caire, 1926 (réédité en 1927 sous un autre titre).

2. Samir Farid, *Tarikh al-raqaba ala al-sinima fi Misr* (Histoire de la censure du cinéma en Égypte), Le Caire, Makatab al-misri li tawzi' al-matbu'at, 2002, p. 26-51.

a finalement choisi le jeune Youssef Wahbi pour jouer à Paris le rôle de Muhammad, métamorphosé en Raspoutine, « à l'humeur insensée, aux gestes embrasés et au regard pervers », photo de l'illuminé au regard perçant à l'appui. Et, scandalisée, la revue en appelle aux autorités religieuses. Le 21 mai, le prestigieux quotidien *Al-Ahram* répercute l'information et exige l'intervention des autorités, dussent-elles empêcher l'acteur pressenti de faire le voyage à Paris, « la ville du stupre, de la licence et de la dérision des prophètes ». Le lendemain, Youssef Wahbi dément la rumeur à propos de Raspoutine, colportée selon lui par des esprits malveillants ; et deux jours après, il adresse « une lettre ouverte aux oulémas et au peuple musulman », expliquant qu'il s'agit au contraire de produire un film qui grandit Muhammad aux yeux de l'Occident.

Peine perdue. Le ministère de l'Intérieur convoque l'acteur et, sur proposition d'al-Azhar, lui intime l'ordre de se rétracter. La vénérable institution assume la responsabilité de cet ordre dans un « communiqué » laconique publié le 27 mai par *Al-Ahram*. Le lendemain, le réalisateur turc abandonne le projet. Faisant profil bas, Youssef Wahbi se désiste à son tour deux jours après, déclarant à qui veut bien l'entendre que « [s]a religion est au-dessus de tout ». Dans son ultime mise au point en date du 6 juin 1926, il rappelle que Dieu lui-même a été représenté « d'une certaine manière », dit-il, dans *Les Aventures de Télémaque*. Quelques années plus tard, il confessera dans ses Mémoires (1967) que le roi Farouk l'avait menacé par émissaire de le déchoir de sa nationalité si jamais il s'obstinait à jouer au prophète ! Le Conseil des oulémas d'al-Azhar (*cheikhat*)[1] a diligenté l'affaire en supplétif du ministère de l'Intérieur, ne prenant pas la peine, comme

1. En Égypte, il existe deux institutions officielles chargées d'émettre des fatwas, l'université al-Azhar, fondée au Xe siècle, et la Maison des fatwas, instituée en 1897.

il est d'usage, de motiver sa décision. En fait, l'institution religieuse ne disposait pas encore d'argumentaire approprié, bien huilé et canonique. Quelques jours après l'abandon du projet, un certain Abderrahman Khalaf (un obscur lettré ou un pseudonyme), esquisse cependant un début de doctrine dans une tribune, « La présence prophétique et la représentation », publiée le 2 juin par *Al-Ahram*. Nous verrons un peu plus bas l'argumentaire. Il est inédit : portraiturer Muhammad est un acte impossible.

Il faudra attendre les années 1972-1973 pour que « la représentation visuelle des prophètes et des compagnons » soit fermement condamnée par l'islam sunnite officiel, en l'occurrence dès l'annonce du tournage du film *Le Messager* par le cinéaste américain d'origine syrienne Mustapha Akkad. C'est encore al-Azhar qui en prend l'initiative, et le clergé islamique mondial suivra avec un certain nombre de fatwas émises entre 1972 et 1999[1]. Ne pouvant arrêter le tournage du film, les autorités égyptiennes interviennent à sa sortie, en 1976, par un règlement du ministre égyptien de la Culture qui interdit « de montrer distinctement ou de manière symbolique l'image du Prophète, de l'un de ses quatre compagnons, des gens de sa maison, des dix promis au Paradis [les premiers adeptes], ou de faire entendre leurs voix ; et aussi la représentation imagée du Christ et des prophètes » (arrêté 220/976 du 27 mai 1976).

1. Les principales instances sont les suivantes : le Département des recherches islamiques auprès d'al-Azhar (décision n° 20 du 22 février 1972), confirmée par la décision n° 100 du 30 juin 1999, www.ahram.org.eg/News ; le Conseil des grands oulémas (Arabie Saoudite), décision n° 13 du 19 mai 1973, confirmée par la décision n° 107 du 12 août 1983, http://www.almouazeen.com/ ; le Comité permanent des recherches scientifiques et de la délivrance des fatwas (Arabie Saoudite), fatwa n° 4723 du 5 mai 1982, http://www.saaid.net/fatwa/f106.htm ; le Conseil du droit islamique auprès de la Ligue du monde islamique, XXe session, La Mecque, 25-29 décembre 2010, décision n° 163107, voir aux adresses suivantes : http://islamqa.info/ar/163107 ; http://www.alifta.net/Fatawa/ : http://islamqa.info/ar/163107

Le 11 novembre 2005, après un attentat perpétré le 9 contre l'hôtel où il séjournait à Amman, en Jordanie, Mustapha Akkad succombe à ses blessures. Deux mois plus tôt, l'affaire des caricatures danoises avait défrayé la chronique…

Le portrait infaisable

L'interdiction de représenter le prophète de l'islam et des prophètes en général n'est pas seulement une question légale. C'est un point de vue sur l'art comme imitation. Ce qui est en cause n'est cependant plus l'imitation coupable de l'acte divin, considérée comme une abominable idolâtrie. Il est désormais question de l'impossibilité de la représentation. Procédons par étapes successives pour comprendre cette évolution.

Dans sa tribune de 1926, « La présence prophétique et la représentation », déjà citée, Abderrahman Khalaf défendait l'intuition que la représentation du Prophète ne pouvait que l'avilir, en donner une image d'autant plus tronquée qu'elle était mise en œuvre à des fins lucratives. Cette idée est nouvelle. Elle ne se fonde sur aucune source scripturaire ou légale. Elle est mise à contribution par les différentes institutions islamiques dans les fatwas susmentionnées, dans les années 1970. Outre l'interdiction de principe de la figuration telle qu'elle est formulée à l'âge médiéval, les fatwas émises avancent systématiquement trois raisons supplémentaires, inédites.

D'abord, nul besoin des arts modernes pour connaître l'histoire des prophètes, car le récit coranique suffit à cette connaissance : « Nous allons par la révélation de ce Coran te communiquer les plus beaux récits » (12 : 3), et cet « enseignement destiné aux hommes doués d'intelligence se trouve dans les histoires des prophètes » (12 : 111). Ensuite, s'impose un devoir de respect : représenter des personnages aussi vénérés peut brouiller leur image, ébranler la foi et susciter un manque de considération par rapport au rang qui leur est dû. Vient enfin un argument juridique, « l'éloignement des préjudices » : mieux vaut éviter un tort hypothétique que prendre le risque d'un dommage à subir. Au fond, représenter le Prophète voudrait surmonter l'impossibilité de représenter l'irreprésentable, Dieu lui-même ! Déjà en 1926, on pouvait lire dans la presse ce type d'injonctions à l'adresse de Youssef Wahbi : comment pourriez-vous donner une image « de la beauté absolue, de la perfection absolue, de la gravité absolue, de l'éloquence absolue et de la morale absolue[1] » ? Comment, en effet, avec un tel préalable, prétendre représenter le Prophète ?

Le corollaire à la sacralité du Prophète est une certaine idée de l'art : il n'imite pas, il ne crée pas, il ne représente pas, il *est la présence même*. Dans ce « degré zéro » de l'art, l'artiste ne joue pas : il incarne ! Ce n'est pas par hasard si en 1885, pour *Le Triomphe de Joseph le véridique*, Tadros Beck Wahbi double Joseph et sa parentèle par des artistes censés parler en leur nom en leur absence. Les autorités religieuses craignent que le spectateur, sous l'effet de la *catharsis*, s'emporte jusqu'à éprouver de l'empathie pour les ennemis de la religion qui prononcent des paroles impies, jurent par leurs idoles et insultent le Prophète. Éprouver de l'empathie pour la religion des autres : voilà la crainte des oulémas.

Un débat récent, de seconde main, se pose aussi : faut-il interdire la représentation de tous les compagnons de Muhammad indistinctement, les « dix promis au Paradis », ou seulement celle des quatre premiers califes ? Et qu'en est-il de la famille du Prophète ? L'enjeu paraît clair : la « sacralité » de son entourage. En Arabie Saoudite, le Conseil des grands oulémas (créé en 1971) se penche sur « la représentation visualisée des compagnons du prophète » dans une « étude »

1. Samir Farid, *Tarikh al-raqaba ala al-sinima fi Misr*, *op. cit.*, p. 42.

d'une quarantaine de pages datant de 1981. Le refus est catégorique et concerne tous les compagnons[1]. Pour sa part, la Maison des fatwas en Égypte défend seulement en 2012 de montrer les « dix promis au Paradis » par le Coran : les représenter, c'est « retirer la sainteté [littéralement, *qadasa*] qui est attachée à leurs personnes[2] ». Une commission d'oulémas *ad hoc* (dont font partie le théologien égyptien Qaradhawi, que nous avons déjà rencontré dans son travail de parachèvement de la doctrine religieuse des beaux-arts, et le Saoudien Salman al-Awda, un théologien proche des milieux islamistes, actuellement emprisonné) délivre l'*imprimatur* pour le scénario du feuilleton qatari sur le calife *Umar le séparant* [le bien et le mal] (2012). Serait-ce un pas vers la banalisation de la représentation cinématographique des prophètes ? Espérons-le.

Sur ce point, le chiisme tranche par un libéralisme d'autant plus étonnant qu'il adhère – nous l'avons vu au chapitre précédent – à la doctrine religieuse moderne des beaux-arts dont il partage les principes : seule l'image figurative qui ne prend pas l'aspect d'un corps modelé est licite. En effet, à la question de savoir « s'il est permis de représenter les prophètes et les imams impeccables au cinéma, à la télévision et au théâtre », la réponse de l'ayatollah irako-iranien Sistani est sans équivoque : « Il n'y a aucune objection à condition que la déférence et le respect soient observés et que les scènes ne comportent rien de nature à nuire à leur image sacrée dans les consciences[3]. » Mais que signifie cette différence chiite ?

---

1. Hay'at kibar al'ulama, *Abhath* (Les recherches du Conseil des grands oulémas), Riyad, 2013 (4e édition), vol. 3, p. 298-332.

2. Fatwa 7025 du 25 juillet 2012 (reprenant l'historique des fatwas depuis 1972) : http://dar-alifta.org.eg/AR/default.aspx

3. Ali Sistani, http://www.sistani.org/arabic/qa/0385/.

La différence chiite

Le « modèle Verhas » (années 1860)

En Iran, la tradition picturale médiévale s'est poursuivie au XXe siècle, sans heurts. Mais nul ne s'y est véritablement intéressé avant la première affaire des caricatures du Prophète, en 2005, dans une confusion telle qu'on s'est demandé à raison si l'islam interdisait de représenter Muhammad ou de le caricaturer. Le sunnisme abhorre assurément les deux, tandis que le chiisme interdit seulement de railler et de caricaturer. Les deux islams se rejoignent dans la vénération de Muhammad, l'un par l'image tabouïsée, l'autre par l'acceptation de son image figurée. La révolution khomeyniste, en 1979, loin de mettre un coup d'arrêt à cette distinction, donne lieu à une débauche iconographique, probablement gâchée par les affaires de caricatures. Avant de voir comment le sunnisme et le chiisme se rejoignent, nous aimerions montrer comment le chiisme s'est construit une nouvelle identité iconographique de Muhammad, à travers deux portraits qui mêlent une imagination débordante aux influences occidentales. Il s'agit du portrait type inspiré de *Mahomet*, tableau dû à Jan Verhas (m. 1896), et du portrait dit de « Muhammad adolescent », inspiré d'une carte postale des années 1920.

La gravure *Mahomet* du peintre belge Jan Verhas est insérée dans l'un des volumes de *Vies des savants illustres* (1867) de Louis Figuier (m. 1894), un prolifique vulgarisateur des sciences. Placée avant la numérotation des pages, elle introduit au « Tableau de l'état des sciences chez les nations arabes[1] ».

1. Louis Figuier, *Vies des savants illustres depuis l'Antiquité jusqu'au dix-neuvième siècle. Savants du Moyen Âge. Ouvrage accompagné de 35 grandes compositions et portraits dessinés d'après des documents authentiques par M.M. De Bar, Riou et Verhas*, Paris, librairie Hachette, 1870 (1re édition, Paris, Librairie

Verhas fait le portrait de Muhammad sur le modèle de Moïse au mont Sinaï, tenant les Tables de la loi. Le Prophète brandit un écriteau qui affiche en lettres capitales le mot Coran, suivi d'un pseudo-alphabet arabe indéchiffrable. Vêtu d'une longue tunique blanche et d'une cape, il porte des sandales à boucles. C'est le « Mahomet d'Occident » au XIXe siècle, écrit l'historien John Tolan, celui qui est célébré comme un grand législateur[1]. Le portrait est reproduit durant la première moitié du XXe siècle par Mustafa Tutunchiyan, peintre et dessinateur mineur. Il rajeunit le personnage, arrondit son visage et échange la barbe longue et ondulée (qui fait « prophète biblique ») contre une autre barbe, épaisse et foncée. Il a la bonne idée de coudre la tunique avec des versets coraniques. Il change l'arabe abscons de l'écriteau par ce hadith en alphabet arabe : « Dites il n'est de dieu que Dieu, vous réussirez[2] ! »

Muhammad est donc restitué à l'Orient moyennant quelques arrangements, le modèle de Verhas aménagé. La révolution iranienne lui donne une nouvelle allure, en en multipliant les postures et les variantes[3]. Muhammad n'a plus ce physique typique reconnaissable entre mille, avec son

---

internationale et Bruxelles, Lacroix, 1867) ; il s'agit du deuxième dessin avant le début de la pagination.

1. John Tolan, trad. fr. C. Deniard, *Mahomet l'Européen*, Paris, Albin Michel, 2018, p. 308.

2. Comparer les tableaux de Jan Verhas et de Mostafa Tutunchiyan, respectivement dans https://www.pinterest.fr/pin/453667362444866030/ et dans *Le Prophète Mohammad* (vers 1950, Iran), Musée national des cultures du monde, numéro d'inventaire *7031-33* : https://www.trouw.nl/nieuws/hoe-ga-je-om-met-afbeeldingen-van-de-profeet-mohammed~b292b339/

Les deux tableaux sont reproduits *in* Christiane Gruber, *The Praiseworthy One : The Prophet Muhammad in Islamic Texts and Images*, Bloomington (IN), Indiana University Press, 2019, fig. 6.2 et 6.3, p. 317-318.

3. Des affiches ont été collectées en 1999-2000 à Qom (Iran) par Ingvild Flaskerud. Elles sont publiées sur le site de l'université de Bergen (Norvège) : *Muslim Devotional Posters*, visibles à l'adresse : https://org.uib.no/popularikonografi/exhib02.html. Muhammad figure aussi dans une affiche réunissant

turban (souvent blanc) qui cache systématiquement sa chevelure, tout en laissant filer deux tresses lui arrivant jusqu'à la taille. On ne voit plus ses grands yeux noirs en amande ni sa tunique faite d'une pièce ou de deux (une robe et une cape de couleur rouge, bleue ou verte). Désormais, il porte un turban vert qui arrive mal à retenir des cheveux abondants et lisses, tombant jusqu'aux épaules. Il est vêtu d'une robe blanche couverte d'une cape de couleur marron clair ou marron foncé. Il tient d'une main un exemplaire relié du Coran, l'index de l'autre main levé ver le ciel. En dessous ou au-dessus du portrait, on peut lire la profession de foi. Variation sur le même thème : le Prophète se détache sur fond de paysage kitch (rocailleux et nuageux), il porte une sacoche en bandoulière (comme s'il s'apprêtait à faire un pèlerinage) et au doigt de sa main gauche se trouve sa bague légendaire, qui porte l'inscription « Muhammad, messager de Dieu[1] ». Il est représenté jusqu'à la taille, mais le sujet est également peint en pied, debout sur fond de paysage verdoyant, avec sa tunique en bleu pâle et son châle en rose[2]. Une variante le représente inondé de lumière, debout, tenant le Coran dans la main droite et l'ourlet de sa cape de la main droite[3]. Sur une fresque murale, il est debout, l'index droit levé vers le

une quinzaine de petites icônes d'Ali, https://org.uib.no/popularikonografi/bilder/237.jpg

1. C'est ainsi qu'on le voit sur une affiche qu'on trouve en vente au bazar en Iran (voir documentaire *The Reality of the Pagan 12er Rafidah Shia Religion* : https://www.youtube.com/watch?v=rJcAhTGKT-Q). L'illustration est reprise dans Christiane Gruber, « Prophetic Products : Muhammad in Contemporary Iranian Visual Culture », *Material Religion, The Journal of Objects, Art and Belief*, vol. 12, n° 3, 2016, fig. 6, p. 259-293.

2. « Le prophète Muhammad. La piété en images : l'iconographie populaire musulmane », à lire à l'adresse : http://zombietime.com/mohammed_image_archive/islamic_mo_full/

3. Christiane Gruber, « Prophetic products : Muhammad in Contemporary Iranian Visual Culture », art. cité, fig. 1.

ciel, mais sans le Livre[1]. Popularisé, le portrait sert de motif pour des cartes postales et des affiches, mais aussi pour des tapis[2]. Il arrive qu'il soit gravé dans une feuille en métal qu'on peut fixer au sol ou tenir comme une banderole lors de la procession commémorant le martyre de l'imam Hussein[3].

Proche du modèle Verhas, un portrait de la « Sainte Famille » (Muhammad, son gendre Ali, sa fille Fatima, ses petits-fils Hassen et Hussein) est diffusé dans les années 1950 par le calligraphe Tahir[4]. Muhammad est peint avec Ali, tous deux sont inondés de lumière dans « La succession de l'imam Ali » (2007) du peintre Mahmoud Farshchian, le principal miniaturiste iranien vivant[5]. Détail inédit : Muhammad s'adresse en tribun moderne à une masse compacte. Un timbre-poste ajoute ce hadith : « Celui dont je suis le maître, voici Ali qui est aussi son maître[6]. »

1. Voir la fresque murale, Shiraz 2002, *in* Ingvild Flaskerud, *Visualizing Belief and Piety in Iranian Shiism*, New York, Continuum, 2012, fig. 60, p. 243.

2. Christiane Gruber, *The Praiseworthy One : The Prophet Muhammad in Islamic Texts and Images*, *op. cit.*, fig. 6.4, p. 321.

3. Voir les dessins et les commentaires de Mehr Newid, *Der schiitische Islam*, Munich, Avicenna, 2006, fig. B7 (le modèle Verhas), B8 et B9 (le portrait jusqu'à la taille), p. 171-174.

4. Le modèle figure dans le groupe d'images figuratives (D1-D11) sur l'iconographie de la « famille sacrée » (*Heilige Familie*) : Mehr Newid, *Der schiitische Islam*, *op. cit.*, p. 197, fig. D.8. L'autrice dit qu'elle se trouve dans le mausolée de l'imam Jaafar dans la ville de Borugred.

5. Le tableau est visible sur le site otografia.islamoriente.com/fr/content/art-islamique-un-chef-dœuvre-du-minotaur-persan-artiste-professeur-mahmoud-farshchian-la-1. Voir le site personnel du peintre, URL : https://www.farshchianart.com/

6. Le timbre est accessible sur le site consacré à la philatélie : https://www.stampworld.com/ (Iran, année 2011, janvier, n° 3221).

La carte postale numéro 106 (vers 1920)

Le jeune Muhammad est le deuxième grand modèle iconographique du Prophète au XXe siècle circulant sous la forme de cartes postales ou d'affiches. Son physique intrigue et son histoire est surprenante. Le jeune éphèbe est d'une étrange beauté : sa peau semble douce, il a l'épaule dénudée, le regard langoureux, la bouche entrouverte – bref, il est la sensualité même. Un turban blanc maintenu par un ruban vert et or couvre sa tête. Il déborde par une légère excroissance, une sorte de fleur sur l'oreille droite. On trouve plusieurs variantes de cette représentation, avec des compositions différentes.

Affiche représentant Muhammad,
en circulation en Iran vers la fin des années 1990.

Certaines sont de simples images sur fond indistinct, d'autres sont accompagnées de commentaires qui interpellent avec cette légende laborieuse : « Icône bénie [*shama'il-i mubarak*] du vénéré [Muhammad] à l'âge de 18 ans, peinte par un moine chrétien [*rahib-i nasrani*] alors qu'il accompagnait son honorable oncle lors d'un voyage entrepris à des fins de commerce, de La Mecque à Damas. L'original [de l'icône] se trouve actuellement dans un musée sis à *Rum* [Byzance, et par extension dans les Temps modernes, l'Europe ou l'Occident][1]. » D'où vient cette étrange légende ? De prime abord, le texte se réfère au voyage accompli par Muhammad jeune en compagnie de son oncle à Busra, aux confins de la Syrie ; durant ce périple, le moine Bahira aurait reconnu en lui les signes de la prophétie. La scène figure – nous l'avons vu – dans *Jami' al-Tawarikh*, le beau livre confectionné par Rashid al-Din au début du XIVe siècle. Or, Muhammad avait près de 12 ans lors de cet épisode, et non 18. Les sources historiques arabes admettent néanmoins qu'il est revenu sur ces mêmes terres à l'âge de 25 ans, quand il était au service de Khadija, sa patronne et future épouse. Passé l'obstacle de l'âge, le texte parle d'un portrait « peint » dont l'original serait la propriété d'un musée en Occident. En fait, l'image légendée mêle deux messages en un, le présage de Bahira et le légendaire portrait de Muhammad que l'empereur byzantin Héraclius montre à deux ambassadeurs, mandés en 633 par le calife Abu Bakr – élément que nous avons évoqué également.

Pierre Centlivres et Micheline Centlivres-Demont percent le mystère : toutes les versions du jeune Muhammad en circulation en Iran proviennent de la carte postale 106 des studios

1. Voir une collection de huit portraits (légendés et non légendés) : Pierre Centlivres et Micheline Centlivres-Demont, « Une étrange rencontre. La photographie orientaliste de Lehnert et Landrock et l'image iranienne du Prophète Mahomet », *Études photographiques*, n° 17, 2005, p. 5-15.

La carte postale 106 Lehnert & Landrock, légendée *Mohamed*, vers 1920.

Lehnert & Landrock installés à Tunis au début du XXe siècle. Rudolph Lehnert prend alors en photo de jeunes hermaphrodites, des garçons pubères et des filles dénudées : du pur orientalisme ! Les clichés serviront de matrice pour des cartes postales tirées en série. La carte numérotée 106 est bien la source des différentes représentations du jeune Muhammad, car elle est la seule légendée « Mohamed » (l'une des translittérations de Muhammad ou Mohammad), probablement du nom d'un jeune garçon anonyme.

Le cliché date des années 1905-1906. La carte postale 106 (tirée vers 1920) est reprise en Iran dans les années 1990. On n'en saura pas davantage. L'éditeur ou imprimeur iranien intervertit les deux récits (celui des ambassadeurs mandés auprès d'Héraclius et de Bahira). Il a dû penser que « Mohamed » n'était qu'une reproduction du portrait original légendaire « peint » par Bahira et déposé dans un musée d'Occident. Finalement, un gamin tunisien en blouse – peut-être de Redayaf, où Lehnert finira sa vie – aura été à son insu le modèle pour portraiturer le prophète de l'islam. Il aura suffi que le bouquet de jasmin accroché à son oreille droite – un usage estival dans les villes côtières en Tunisie – soit changé par une composition d'œillets, une des cinq fleurs orientales stylisées dans l'art islamique, d'après Massignon[1].

La figure de Muhammad est par ailleurs instrumentalisée. Khomeyni est peint en 1979 tenant le Coran, selon le modèle de Verhas, par l'artiste Hasan Isma'ilzadah[2]. Il est également associé au jeune Muhammad de la carte postale et à un jeune martyr de la guerre Irak-Iran. Tous trois sont représentés côte à côte dans une carte postale et dans une relique installée dans un cimetière (2010)[3]. On entrevoit encore l'adolescent alors qu'il entre au monastère de Bahira, dans une scène de *Muhammad le messager de Dieu*, le film de l'Iranien Majid Majidi (2015). La porte qu'il pousse laisse entrer un filet de lumière éclairant le visage du jeune homme, qui reste toutefois dans la pénombre.

C'est le journal *Jyllands-Posten* qui crée l'équivoque en 2005. Une confusion s'installe entre la représentation figurée de Muhammad (discutable) et le blasphème, intolérable. En réaction, des portraits de Muhammad sont retirés

1. Les quatre autres fleurs sont la jacinthe, la tulipe, l'églantine et la fleur du pêcher, voir Louis Massignon, « Les méthodes de réalisation artistique des peuples de l'islam », art. cité, p. 153.

2. Accessible dans Special Collections Research Center, University of Chicago Library, Middle Eastern Posters, n° 11, https://www.lib.uchicago.edu/ead/pdf/meposters-0001-011.pdf

3. Elle figure dans Christiane Gruber, « Prophetic Products », art. cité, fig. 14 et 15, p. 287-288.

de l'espace public, de la vente ou ne sont plus exhibés dans les processions. Il en est ainsi d'une fresque murale représentant une énième « ascension au ciel[1] ». Une autre option est de revenir au Muhammad à la face voilée, comme dans une autre grande fresque représentant Muhammad voilé et chevauchant le Bouraq. Commandée par la commune de Téhéran à l'artiste Mehdi Ghadyanloo, elle est achevée en 2008, trois années après l'affaire des caricatures danoises[2]. S'apprête-t-on à revenir à Muhammad l'invisible ? On ne saurait répondre à cette question pour le moment. Il est clair en revanche que les deux courbes, celle de l'image figurative et celle de la satire, se croisent, si bien que ceux qui disent que les caricatures n'ont rien à voir avec la représentation figurative de Muhammad ont autant raison que leurs adversaires. L'image figurative a séparé le sunnisme du chiisme au XXe siècle. Mais comme nous allons l'examiner maintenant, la caricature les réunit, ainsi qu'il en a toujours été à propos de l'intolérable « blasphème ». En cela, la caricature est à la frontière du visible (par la figuration) et du dicible, la parole blasphématoire.

1. Voir la dernière trace de la peinture murale en photo sur le site : http://www.zombietime.com/mohammed_image_archive/islamic_mo_full/

2. Voir la fresque *in* Christiane Gruber, « Reclaiming the Prophet Muhammad in Iran », *Newsweek*, 31 janvier 2015 ; et *id.*, « Images of the Prophet Muhammad *In and Out* », *in* Christiane Gruber et Sune Haugbolle (dir.), *Visual Culture in the Modern Middle East : Rhetoric of the Images*, Bloomington (IN), Indiana University Press, fig. 1.1.

DEUXIÈME PARTIE

Le blasphème, d'hier à aujourd'hui

3

Histoire du blasphème

La formation d'une doctrine

Une doctrine tardive

À la différence de l'acte matériel sacrilège consistant à souiller ce qui est tenu pour vénérable, le blasphème appartient à l'ordre du dire, ou du dicible. Le « dicible » est toujours multiple, et il n'existe donc pas *une* définition claire et simple du blasphème[1]. Mais il renvoie toujours à la « manière de dire », à l'expression insolente, injurieuse et/ou irrespectueuse, et non à l'opinion ou à la conviction. C'est de ce sens restrictif que traite la doctrine islamique : l'« insulte », ou « insulter » (*sabb*). Élaborée vers le XIIe siècle par les oulémas, cette doctrine traverse tout le Moyen Âge, et elle survit aujourd'hui. C'est elle qui arme le bras des terroristes. Son argumentaire alimente les fatwas contemporaines et inspire le droit positif et la jurisprudence (comme nous le verrons plus bas). D'où l'impérieuse nécessité d'en faire l'histoire. Avouons que ce n'est pas une partie de plaisir : il a fallu pour cela consulter un corpus juridique surabondant, qui ne contient hélas aucune section explicite sur le blasphème. Le propos juridique est

1. Alain Cabantous, *Histoire du blasphème en Occident. XVIe-XIXe siècle*, Paris, Albin Michel, 2015, p. 16 (l'italique pour « *une* définition » est de l'auteur).

assurément rebutant pour des non-spécialistes, mais c'est le prix à payer pour comprendre la mécanique intellectuelle de jurisconsultes figés dans leur certitude. Nous livrons donc les résultats d'une enquête, à ce jour, croyons-nous, la plus complète sur le sujet[1].

La thèse centrale est la suivante : quiconque insulte Dieu, ses anges, ses Livres et ses prophètes, est puni de mort, à moins de se repentir et de s'en remettre au jugement des autorités de l'islam. Dans l'esprit des juristes, le blasphémateur est soit un musulman, soit un infidèle sans Dieu, soit l'adepte d'une religion révélée, autrement dit un « homme du Livre », « tributaire » ou « protégé » (*dhimmi*), lié aux musulmans par un pacte de sujétion en contrepartie de son droit à pratiquer son propre culte. S'agissant du blasphème contre Muhammad en particulier, la repentance fait l'objet d'un débat entre ceux qui l'acceptent volontiers et ceux qui la rejettent catégoriquement, appliquant quoi qu'il en soit la peine de mort. La thèse corollaire est la suivante : quiconque injurie les « gens de la maison » de Muhammad, ses épouses et ses compagnons, est réprimandé avec une peine disciplinaire laissée à la discrétion du juge (l'emprisonnement ou des coups de fouet). Ces deux thèses ont mis longtemps à prendre corps. Quatre auteurs contribuent à les formuler dans des traités particuliers. Ils appartiennent aux quatre

1. Trois études partielles sont à mentionner : Lutz Wiederhold, « Blasphemy Against the Prophet Muḥammad and His Companions (*sabb al-rasūl, sabb al-ṣaḥābah*) : The Introduction of the Topic into Shafi'i Legal Literature and Its Relevance for Legal Practice Under Mamluk Rule », *Journal of Semitic Studies*, vol. 42, n° 1, 1997, p. 39-70 ; Mark S. Wagner, « The Problem of Non-Muslims Who Insult the Prophet Muḥammad », *Journal of the American Oriental Society*, vol. 135, n° 3, juillet-septembre 2015, p. 529-540 ; Abdelmagid Turki, « Situation du "Tributaire" qui insulte l'Islam, au regard de la doctrine et de la jurisprudence musulmanes », *Studia Islamica*, n° 30, 1969, p. 39-72.

écoles de droit sunnite[1]. Ils sont, selon les dates d'écriture de leurs écrits sur le sujet : Yadh (m. 1149), malikite, Ibn Taymiyya (m. 1328), hanbalite, Subki (m. 1354), chafiite, et Ibn Abidin (m. 1836), hanafite. Une petite mise au point s'impose sur ces écoles.

Formées entre le IXe et le Xe siècle, les écoles de droit s'accordent sur la quadruple racine du droit (le Coran, la sunna, le consensus des légistes et le raisonnement analogique) pour extraire les normes juridiques applicables à tous les aspects de la vie quotidienne, du culte aux rapports sociaux. Elles divergent cependant sur les solutions pratiques à apporter à tel ou tel cas particulier. Chaque école porte l'empreinte de son fondateur. Le hanafisme s'est illustré par une certaine ouverture d'esprit et l'usage de la libre opinion ; le malikisme accorde une grande importance au hadith dans l'élaboration de la règle de droit et à la pratique des gens de Médine, ville natale de Malik ; le chafiisme fait la synthèse entre l'opinion et le hadith. Enfin, le hanbalisme se caractérise par le rigorisme et le conservatisme. Il porte la marque de son fondateur Ibn Hanbal (m. 855) qui s'est farouchement opposé au rationalisme philosophique et théologique au faîte de sa puissance au IXe siècle. Les divergences entre écoles ont autant pesé sur le montage de la doctrine que le contexte historique de leur énonciation.

Cadi malikite de Ceuta, en Andalousie, Yadh est le premier à consacrer à la question près de deux cents pages de son *Shifa* (Des droits du prophète élu), une œuvre qui relève du genre littéraire des qualités ou « caractéristiques du

1. Quatre écoles sunnites : Abu Hanifa (m. 767) donne son nom au hanafisme, Malik (m. 795) au malikisme, Chafi'i (m. 820) au chafiisme et Ibn Hanbal (m. 855) au hanbalisme. Le chiisme a développé sa propre école dite jaafarite, en référence à Ja'afar as-Sadiq (m. 765), sixième imam dans la lignée des douze imams (dits duodécimains). Le chiisme n'a pas de traité particulier sur la question du blasphème.

Prophète » ; elle a inspiré – nous l'avons vu – les peintres pour réaliser le portrait de Muhammad[1]. Il élabore la doctrine de base (les deux thèses, centrale et corollaire). Deux siècles après, *L'Épée dégainée contre celui qui insulte le prophète,* du hanbalite damascène Ibn Taymiyya (m. 1328), donne une grande ampleur aux thèses de Yadh[2]. Il travaille les arguments de Yadh, en leur donnant plus de consistance. De quoi faire réagir le chafiite Subki, avec *Le Sabre dégainé contre celui qui insulte le prophète*[3]. À la différence du malikisme et du hanbalisme, son école accepte la repentance du blasphémateur qui insulte Muhammad. L'école hanafite, elle, restera divisée sur la prise en compte de la repentance de ce blasphémateur jusqu'à ce qu'Ibn Abidin (m. 1839) arbitre en sa faveur dans une courte épître au titre fleuve : *Avertir les émirs et les gouvernants sur le jugement applicable à celui qui insulte le meilleur des hommes ou l'un de ses honorables compagnons, que la paix leur soit accordée*[4]. Les quatre auteurs souscrivent à la thèse centrale de la doctrine : quiconque insulte Dieu, ses anges, ses Livres et ses prophètes, est puni de mort, à moins de se repentir. Ils sont en revanche divisés, comme nous venons de le dire, sur le repentir de celui qui insulte Muhammad : refusé par Yadh et Ibn Taymiyya, il est accepté par Subki et Ibn Abidin.

Du VIIIe au XIIe siècle, nous ne disposons que d'annotations éparses. Les fondateurs d'écoles ne se sont pas véritablement penchés sur la question du blasphème. Abu Hanifa

1. Yadh, *Shifa*, partie IV, édition de M. Ali Bejaoui, Beyrouth, Dar al-Kitab al-'Arabi, 1984, p. 926-1116.

2. Ibn Taymiyya, *Sarim al-masloul*, édition de Halwani et Shuri, 3 vol. (le texte proprement dit en deux volumes), Riyad, Ramadi li'l nashr, 1998.

3. Subki, *Sayf al-masloul*, édition de I.A. al-Ghuj, Amman, Dar al-Fath, 2000.

4. Ibn Abidin, *Majmuat rassail* (Épîtres), Damas, Éditions al-Kutubi, vol. 1, 15e lettre, 1907, p. 314-371.

(m. 767), fondateur du hanafisme, n'en parle pas, mais ses disciples s'en chargent à partir d'Abu Youssef (m. 789) : « Tout musulman qui insulte le Prophète, lui apporte un démenti ou le blâme, ou le rabaisse, devient incrédule. Sa femme lui est interdite (parce qu'une musulmane ne peut épouser un impie). Il se repent sinon il est mis à mort[1]. » Pour ce qui est de Malik (m. 795), Abdallah b. Wahb (m. 812) dit avoir recueilli du maître cette sentence : « Le repentir ne sera pas accordé à quiconque insulte le Prophète. » On lui attribue également un avis émis en 776 au sujet d'un copte qui avait qualifié Muhammad de menteur : Malik ordonne de l'exécuter – ce qui fut fait. Abu Zayd al-Qayrawani (m. 996), à qui nous devons l'information, et Ibn Rochd, grand-père d'Averroès (m. 1126), consacrent chacun une dizaine de pages à la question. Chafi'i (m. 820) réserve à peine quelques lignes au blasphème, proféré selon lui avant tout par les « gens du Livre » (juifs et chrétiens), qu'il apostrophe en ces termes : « Si l'un de vous évoque Muhammad ou le Livre ou la religion de Dieu de manière non autorisée, ses biens et son sang deviennent licites [les musulmans ont le droit de le tuer et de s'emparer de ses biens comme butin de guerre] au même titre que ceux d'un impie[2]. » Le dernier des fondateurs d'école, Ibn Hanbal, décrète la mort du blasphémateur, d'après l'une des versions de ses *Responsa*, due aux soins de son fils Abdallah (m. 903)[3]. La cinquième école de droit, chiite, rend « licite rapidement » de verser le sang de « celui qui insulte, rabaisse ou dénigre » le Prophète, Ali son gendre, les gens de sa maison et l'un des imams – « rapidement » ou « à l'instant »

1. Abou Yousof Ya'koub, *Le Livre de l'impôt foncier*, Paris, Librairie orientaliste Paul Geuthner, 1921, p. 281 (traduction légèrement différente de la nôtre).

2. Chafi'i, *al-Umm* (Traité de droit), Beyrouth, Dar Ibn Hazm, vol. 1, 2005, p. 1501 (avertissement repris p. 1514).

3. Ibn Hanbal, *Masa'il* (Responsa), récit d'Abdallah, édition de Zouhair Chaouch, Beyrouth, al-Maktab al-Islami, n° 1553-1559, p. 430-431.

signifiant sans délai et sans le recours aux autorités habilitées à exécuter la sentence. Prononcée par le jurisconsulte Ibn Babuwayh (m. 991), la sentence fait autorité. Elle est reprise par al-Majlisi (m. 1699) dans son *Sawa'îq al Yahûd* (« Les foudres divines réfutant les juifs »)[1]. La fatwa de Khomeyni appelant à tuer l'auteur des *Versets sataniques*, ses traducteurs et éditeurs reprend ce terme : « les tuer sans retard » (« *without delay* »)[2].

Un corpus contextualisé

Pourquoi Yadh, le cadi malikite, a-t-il été sévère au point de refuser le repentir du blasphémateur insultant Muhammad ? Il ne fait que suivre Malik et ses disciples qui se sont déjà prononcés pour sa mort, même repentant. Mais le contexte a dû jouer son rôle. Dans un Occident musulman où les relations entre confessions sont difficiles, les procès en blasphème ne manquent pas. Il suffit de penser aux martyrs de Cordoue, ces chrétiens du IXe siècle (852-886) qui dénigraient délibérément Muhammad et sa religion afin de recevoir la mort[3]. Yadh mentionne trois autres cas. Le premier est celui d'Abu Hatim al-Tulaytuli (« le Tolédan »), un musulman condamné à mort par contumace en 1064 pour blasphème. Le cadi est expéditif sur les faits, tant ils sont connus : le Tolédan est accusé de « parler avec légèreté » du prophète de

1. Ibn Babuwayh, *al-Hidaya* (La guidance), Qom (Iran), Muassasat al-Imam al-Hadi, 1997, p. 295. Et pour Majlisi, voir Vera Basch Moreen, éd. et trad. de « Risala-Yi Sawa'îq al-Yahûd (*The Treatise Ligthning Bolds Against the Jews*), par Muhammad Baqir b. Muhammad Taqi al-Majlisi (d. 1699) », *Die Welt des Islams*, vol. 32, n° 2, 1992, p. 177-195, *loc. cit.*, p. 190.

2. Fatwa annoncée la première fois à la BBC, le 14 février 1989.

3. Janina M. Safran, « Identity and Differentiation in Ninth-Century al-Andalus », *Speculum*, vol. 76, n° 3, juillet, 2001, p. 573-598 ; María Isabel Fierro, « Andalusian "Fatawa" on Blasphemy », *Annales islamologiques*, n° 25, 1991, p. 103-117.

l'islam ; il le qualifie notamment d'« orphelin de Quraych » (sa tribu), qui se serait volontiers adonné aux délices de la vie s'il n'était de condition modeste. Arrêté en 1072 à Cordoue huit ans après la sentence, le fugitif est crucifié (après son exécution)[1], sans qu'on lui donne le droit de s'opposer à un jugement prononcé en son absence. Le jurisconsulte Issa Ibn Sahl (m. 1093) justifie l'entorse à la procédure : l'opposition est irrecevable dans des affaires graves, telles que « l'athéisme, l'hérésie, le désaveu du Coran et du prophète et l'application des châtiments corporels[2] ».

Le second cas est celui d'un chrétien. Il est le neveu d'Ajab, une concubine du père de l'émir en exercice, Abderrahman II (ou Abd al-Rahman II, m. 852). Le malheureux avait dit à propos de Dieu un jour de pluie : « Le tanneur commence par humidifier son cuir », un trait d'humour qui lui sera fatal : son procès se tient à Cordoue en 851. À la majorité, les magistrats penchent pour une peine disciplinaire, mais l'émir veut la mort du prévenu. Celui-ci est crucifié, apparemment vivant, et non crucifié après exécution de la sentence[3]. Yadh se sert de ce précédent pour refuser la repentance à tout « homme du Livre » coupable du même forfait. Il ne se prononce pas sur la manière d'exécuter le jugement.

Le troisième cas est celui de Haroun Ibn Habib, poursuivi en justice durant le règne du même Abderrahman II. Rétabli d'une maladie qui l'avait terrassé, il se serait écrié : « J'ai enduré plus de souffrances que si j'avais tué Abu Bakr

---

1. L'usage, dans l'islam, veut que le condamné soit exécuté et puis crucifié mort, sur un tronc de palmier ou autre support en bois.

2. Voir María Isabel Fierro, « El proceso contra Ibn Hatim al-Tulaytuli », *Estudios onomástico-biográficos de al-Andalus VI*, 1994, p. 187-216.

3. M. I. Fierro penche pour la crucifixion du vivant du condamné, le texte arabe est moins clair, voir María Isabel Fierro, « La heterodoxia en al-Andalus durante el período Omeya », *Cuadernos de Islamología*, I, Madrid, Instituto Hispano-Árabe de Cultura, 1987, p. 63.

et Umar [les deux premiers califes]. » Le magistrat chargé de l'affaire décide de l'emprisonner pour ces propos, mais Yadh pense qu'il méritait la peine de mort.

Finalement, plus d'une vingtaine de fatwas de l'école malikite sont réunies par Wansharisi (m. 1508) ; elles servaient au *cursus honorum* du juriste[1]. Autant dire que le verdict y est sans appel : injurier l'islam est passible de la peine de mort, mais lorsqu'il s'agit d'une insulte à une autre religion, les jurisconsultes entourent le contentieux d'infinies précautions. Il faut s'assurer, par exemple, que l'insulte à la Torah concerne bien le Livre véridique et non sa version « falsifiée » (auquel cas, ce n'est pas un crime) ou que le blasphémateur ne l'a pas fait par ignorance (laquelle est inexcusable quand il s'agit de l'islam)[2].

On en sait davantage sur le contexte de rédaction, à la fin du XIIIe siècle, de *L'Épée dégainée contre celui qui insulte le prophète*, un traité de plus de mille pages qui eût été encore plus long encore si l'intarissable Ibn Taymiyya n'avait pensé en avoir assez dit... Une altercation est à l'origine du livre : en juillet 1293, le chrétien 'Assaf al-Nasrani est accusé d'avoir insulté Muhammad, sans qu'on sache exactement ce qu'il a dit. Ibn Taymiyya s'agite pour le faire condamner, et il arrache à l'émir de Damas la promesse de le punir. Il sera acclamé par une foule en liesse qui se transforme en émeute quand 'Assaf est convoqué en audience, où il est blessé par

1. Les fatwas figurent dans Wansharisi, *al-Mi'yar* (Recueil des fatwas des oulémas du Maghreb), vol. 2, *op. cit.* : de la première (le refus du repentir, p. 344-345) à la dernière (p. 540-546) qui concerne un juif du XVe siècle – dont le cas est examiné par Ahmed Ouldali –, « Un dhimmi accusé d'avoir calomnié les musulmans. Étude d'une fatwa rendue à Tlemcen en Shawal 849/janvier 1446 », *in* Stéphane Boissellier et John Tolan, *La Cohabitation religieuse dans les villes européennes. X^e^-XVe siècle*, Turnhout, Brepols, 2014, p. 225-241.

2. Voir deux avis sur la Torah, Wansharisi, *al-Mi'yar*, vol. 2, *op. cit.*, p. 362 et p. 525-526.

un jet de pierres. L'émir a réuni un conseil *ad hoc* pour juger l'affaire. Afin d'échapper à la potence, 'Assaf se déjuge séance tenante. Il se convertit à l'islam et quitte la ville, avant d'être assassiné près de Médine[1]. Ibn Taymiyya proteste contre le laxisme des autorités. Il est battu et mis en prison où il entame la rédaction de son traité. Pour justifier son récit, il fait allusion à un « événement » qui l'aurait poussé à réagir. Il avait à l'époque 32 ans. Sa réputation de théologien intraitable est désormais faite.

L'école chafiite se devait de se prononcer aussi sur la question de la repentance au blasphème. Subki, jurisconsulte égyptien, rédige en 1333 *Le Sabre dégainé contre celui qui insulte le prophète*, à la suite d'une fatwa dans laquelle il a décrété à tort la mort d'un prévenu chrétien, qui s'était pourtant converti à l'islam (pour échapper à la sentence). Des oulémas n'ayant pas manqué de le lui reprocher, Subki était tenu de s'expliquer. Rongé par le remords, il confesse : « J'en suis arrivé à la conviction [...] que plus jamais je ne rencontrerai Dieu puisque je suis coupable d'avoir versé le sang d'un musulman. Aussi toute personne qui se convertit à l'islam verra son sang épargné. Son islam est valide même en s'en tenant à l'apparence des choses. Ce qu'elle ressent en son for intérieur est remis à Dieu. » Il continue de penser en revanche que le blasphème sans repentir mérite la mort.

Jusque-là discrets, les hanafites eurent à leur tour à donner leur opinion. Ils le firent à partir de la fin du XVe siècle. L'Empire ottoman vient alors de succéder aux Mamelouks, et le hanafisme en est devenu le rite officiel. Mais l'école est divisée sur le blasphème : si un groupe d'oulémas accepte aisément le repentir du blasphémateur, un second groupe le

1. Voir Henri Laoust, « La biographie d'Ibn Taymîya d'après Ibn Kathîr », *Bulletin d'études orientales*, t. IX, 1942-1945, Beyrouth, IFD, 1943, p. 115-162.

rejette[1]. Sur une très longue période, les uns reprennent les arguments de Yadh et Ibn Taymiyya, les autres ceux de Subki. Mais au XIXe siècle, Ibn Abidin (m. 1836), principale autorité de son époque, prend position en faveur de l'acceptation du repentir. Trois années après son décès, l'Empire ottoman prend un « édit des droits » qui enclenche l'ère des réformes libérales en Turquie et dans tout le monde musulman : un nouvel islam commençait ainsi – en principe…

L'argumentaire

À l'âge médiéval, le blasphème est l'insulte à Dieu, à ses anges, à ses Livres et à ses prophètes. Et le blasphémateur peut être un musulman, l'adepte d'une religion révélée (un « homme du Livre ») ou un infidèle païen. Mais qu'est-ce que l'insulte, précisément ? L'insulte (*sabb*, *chatm* ou *jadf*, mot commun à l'hébreu et à l'arabe) est mentionnée une seule fois dans le Coran à l'adresse des croyants, appelés à ne pas « insulter » ceux qui invoquent des divinités en dehors de Dieu, afin qu'à leur tour, les mécréants n'insultent pas Dieu (6 : 108). Plusieurs hadiths en revanche utilisent le vocable *sabb*. Reprenons-les : il est interdit d'insulter « les morts parce qu'ils sont revenus d'où ils sont venus », d'insulter « le temps (*dahr*) [éternel] » car « Dieu est l'éternité », d'insulter « le vent, le souffle de Dieu apportant miséricorde et châtiments », d'insulter « la fièvre qui emporte les péchés ». Il est interdit également d'insulter les compagnons de Muhammad pour l'effort consenti à faire triompher sa cause. *Sabb* (ou *chatm*) englobe tout ce qu'on répugne à entendre : la malédiction, la médisance, la dérision, la malveillance, l'injure

1. Voir le suivi de la doctrine hanafite par Mark S. Wagner, « The Problem of Non-Muslims Who Insult the Prophet Muhammad », art. cité, p. 538-540.

(*jadf*). Mais ni le Coran ni les hadiths ne prévoient explicitement de punition terrestre du blasphémateur qui insulte Dieu, ses anges, ses Livres et ses prophètes. Comment expliquer alors que les jurisconsultes – toutes écoles confondues – s'accordent à exiger la mort du blasphémateur à moins qu'il vienne à résipiscence (pour les doctrinaires qui acceptent le repentir) ? Quel est le fondement scripturaire d'un tel énoncé ? Et pourquoi l'insulte à Muhammad obéit-elle à un traitement particulier ?

On lit dans le Coran que l'insulte à Dieu et au Prophète – le blasphème – est une impiété : « Dis : Vous moquez-vous de Dieu, de ses Signes et de son Prophète ? Ne vous excusez pas : vous êtes devenus incrédules après avoir été croyants » (9 : 65-66). La malédiction frappe « ceux qui offensent Dieu et son Prophète », ceux qui font du tort à Muhammad, le dénigrent par des « propos blessants » (*adhan*) et s'opposent à lui (9 : 61-63). Il en va de même de ceux qui offensent les autres prophètes, les Livres saints et les anges (2 : 285)[1]. C'est cette base coranique qui est invoquée par les jurisconsultes, à commencer par Yadh, pour justifier l'interdiction de blasphémer. Soit. Mais comment en infèrent-ils la mort des blasphémateurs ? Voici le raisonnement : dès lors que ceux qui se moquent de Dieu, de ses signes et de son Prophète sont déclarés incrédules (9 : 65-66), les combattre devient une obligation – « S'ils dénigrent [ou attaquent] votre religion, combattez les chefs des infidèles » (9 : 12). Il s'agit bien d'une injonction. Ce verset est charnière. Et comme le montre notre étude de son exégèse, son interprétation reste constante du

1. Sur le vocabulaire coranique, voir Jacqueline Chabbi, « Coran et caricatures en paroles », *Les Cahiers de l'Islam*, novembre 2020, https://www.lescahiersdelislam.fr/Rencontre-avec-Jacqueline-Chabbi-Coran-et-caricatures-en-paroles_a1940.html ; Marwan Sinaceur, *Pour répondre aux caricatures de Mahomet*, https://www.huffingtonpost.fr/entry/pour-repondre-aux-caricatures-de-mahomet-voici-ce-que-dit-le-coran_fr_5fae5dd3c5b6b3633369568a

VIIIe au XIIe siècle[1]. Le verset concerne la cohorte des infidèles, laquelle est formée à l'époque de clans mecquois, au regard des circonstances de sa révélation. Au XIIe siècle, Yadh, opère un tournant, en élargissant l'application du verset aux musulmans eux-mêmes et en formulant la sentence capitale contre le blasphémateur, sans rémission. C'est pourtant son interprétation qui devient canonique en Occident musulman, à travers l'Andalou Ibn al-Qurtubi (m. 1273), et en Orient grâce au Damascène Ibn al-Kathir (m. 1372), le dernier grand exégète de l'islam sunnite[2].

Qu'en est-il de la tradition prophétique des hadiths, la sunna, deuxième source scripturaire ? Elle est contradictoire : Muhammad y est tour à tour intraitable et bienveillant. C'est ce qui ressort d'une dizaine d'épisodes examinés par les quatre grands auteurs de traités sur le blasphème. À la différence des Modernes, les Classiques assument sans embarras l'homicide ordonné par Muhammad lui-même. Il est à Médine où il a trouvé refuge, fuyant La Mecque, Ville sainte demeurée aux mains des chefs koraychites (issus de la grande tribu de Koraych). À Médine coexistent trois tribus juives alliées à deux grandes tribus arabes païennes gagnées à la nouvelle religion. Mais la ville est loin d'être totalement acquise à la nouvelle cause. Édifiant est ainsi le cas de ce non-voyant qui trouvait réconfort la nuit auprès d'une femme dénigrant systématiquement Muhammad. Un soir, excédé, il l'étrangla. Le lendemain, il avoua son crime en présence de Muhammad… qui l'absout ! Toujours à Médine, le juif Kaab Ibn al-Ashraf,

---

1. Nous avons consulté les ouvrages des premiers exégètes du VIIIe siècle : Mujahid (m. 702), Thawri (m. 777) et Muqatil (m. 767) ; également les grands classiques sunnites : Tabari (m. 923), Ibn Hatim (m. 938), Mawardi (m. 1058) ; enfin l'exégète mutazilite Zamakhshari (m. 1114).

2. Voir Géraldine Jenvrin, « L'offense à l'islam dans le *Tafsir* d'al-Qurtubi (m. 671/1273) », *MIDEO* (*Mélanges de l'Institut dominicain d'études orientales*), n° 33, 2018, p. 95-136.

hostile aux convertis, raillait en prose rimée Muhammad et « composait des vers à caractère insultant au sujet des musulmanes », écrit Ibn Hicham dans la *Sira* (« Biographie du Prophète »). Comme Kaab haranguait les Mecquois incroyants après leur défaite à la bataille de Badr (622, an II de l'Hégire), un groupe de volontaires l'entraîna dans un guet-apens hors de la forteresse des Banu Nadhir (sa propre tribu). « Qui peut m'en débarrasser ? », s'écria Muhammad. Les sources sont formelles[1] : c'était (selon la Tradition) en 623. Une année plus tard, les Banu Nadhir sont chassés de Médine. Une femme subit le même sort, toujours sur instigation du Prophète : « Qui peut s'en charger ? », aurait-il demandé. Cette femme, 'Asmaa bint Marwan, Koraychite (de souche omeyyade), composait des poèmes dans le genre satirique (*hija)*, et l'un d'eux reprochait aux tribus médinoises alliées d'« obéir » à un « étranger [...] coupeur de têtes... ».

Ces précédents sont invoqués par les quatre juristes que nous suivons, Yadh, Ibn Taymiyya, Subki et Ibn Abidin[2]. Mais bien évidemment, les mêmes sources font valoir de nombreuses autres situations où Muhammad se montre magnanime. Il accepte par exemple le repentir d'un poète satirique (Anas Ibn Zinim), après avoir ordonné de le tuer. Lors de la prise de La Mecque, il épargne ses pires ennemis, auxquels, vainqueur, il s'adresse en ces termes : « Vous êtes affranchis ! » Il ne réagissait pas, disent les sources, avec irritation quand les

1. Les sources historiques : Tabari, *La Chronique. Histoire des prophètes et des rois*, trad. Hermann Zotenberg, t. 3, Paris, Imprimerie nationale, 1871, p. 7-12 et la biographie de Muhammad d'Ibn Hicham, trad. angl. A. Guillaume, *The Life of Muhammad*, Oxford, Oxford University Press, 2004, p. 364-369 (1re édition 1955). Les sources exégétiques sont examinées par Uri Rubin, « The Assassination of Kaab b. al-Ashraf », *Oriens*, vol. 32, 1990, p. 65-71.

2. Yadh, *Shifa*, partie IV, *op. cit.*, p. 948-971 ; Ibn Taymiyya, *Sarim almasloul*, vol. 2, *op. cit.*, p. 125-342 ; Subki, *Sayf al-masloul*, *op. cit.*, p. 134-151 ; Ibn Abidin, *Majmuat rassail*, *op. cit.*, p. 316-318.

Juifs de Médine le saluaient avec insolence. Selon un hadith de portée générale, « l'islam efface ce qui le précède », c'est-à-dire abroge les péchés commis par les convertis avant qu'ils s'en remettent à Dieu. Si donc le Coran ne prévoit aucune sanction terrestre pour punir le blasphème, la *sunna* hésite entre sévérité et clémence.

Précisons un dernier point : le blasphémateur encourt la peine capitale, à moins qu'il ne se déjuge. Qu'est-ce que cela implique pour le blasphémateur impie, musulman ou homme du Livre ? D'abord, l'impie se repent par la conversion : « S'ils [les impies] se repentent » et s'acquittent des devoirs qui incombent aux convertis, lit-on dans le Coran, « ils deviennent vos frères en religion » (9 : 11). Sinon « il n'y a pas de pardon pour les incrédules » (4 : 18). Ensuite, le musulman blasphémateur réintègre l'islam, après l'avoir renié *momentanément* par le blasphème. La jurisprudence est constante sur ce point. Les juristes sont divisés sur le cas de l'« homme du Livre » (juif et chrétien) : les uns demandent sa conversion à l'islam, les autres estiment qu'il est bien au contraire protégé par le pacte de sujétion (dit « de dhimmitude ») qui lui donne le droit de critiquer l'islam, conformément au verset : « À vous votre religion, à moi la mienne » (109 : 6). Ce dispositif s'applique-t-il à celui qui insulte Muhammad ?

Insulter Muhammad est-il pardonnable ?

Qu'est-ce que l'insulte faite au Prophète ? Elle consiste en « toute atteinte à sa personne, à son ascendance, à sa religion, de manière directe ou allusive, toute marque de mépris, de rabaissement, de manque de respect, de médisance et de désaveu ». C'est également « douter de sa mission, lui attribuer de grands péchés, le tourner en dérision, le qualifier par des grossièretés, railler les épreuves qu'il a endurées ou se moquer de ses défauts physiques ». C'est dire qu'il n'est qu'un vulgaire caravanier, l'orphelin d'Abu Taleb (son oncle paternel qui l'a élevé), le chamelier de Khadija (sa première épouse, qui l'avait engagé pour faire paître son troupeau) ; c'est encore évoquer sa convoitise pour les femmes, le soupçonner d'affecter l'ascétisme et lui souhaiter un quelconque malheur. Et cela « ouvertement ou par allusion », qu'on y croie ou qu'on plaisante. Aucune circonstance atténuante n'est accordée à celui qui profère ces paroles « en état d'ébriété ou par ignorance, par esprit de contrariété, par excès ou par surenchère verbale ». Telle est la définition canonique de l'insulte au Prophète donnée par Yadh. Elle est très large, au-delà des propos explicitement injurieux ou même moqueurs. Reste la question de savoir si l'insulte à Muhammad est pardonnable.

Nous avons déjà souligné que deux points de vue s'affrontent au sujet de la repentance de qui a insulté le Prophète. Nous allons nous attarder sur le premier point de vue, qui pousse la sacralisation du Prophète à un point tel qu'il rejette la repentance de celui qui dénigre Muhammad mais l'accorde à celui qui maudit Dieu !

Droits de Dieu, droits de l'être humain

Yadh et Ibn Taymiyya refusent le repentir de l'infidèle *au mépris* de sa conversion à l'islam, du renégat musulman *après* retour au bercail et de l'adepte d'une religion révélée *pourtant* protégé par le pacte de sujétion. À cette fin, ils recourent à un raisonnement sophistiqué, fondé sur la distinction entre les « droits de Dieu » et les « droits de l'être humain ». De portée générale, la distinction est laborieusement travaillée par le juriste malikite cairote Qarafi (m. 1285)[1]. Selon l'argument

1. Shihab Eddine Qarafi, *Furuq*, (Les différences en droit), vingt-deuxième différence, Beyrouth, Muassasat al-Risalah, 2003, vol. 1, p. 324-326.

de Yadh et Ibn Taymiyya, l'insulte au Prophète transgresse deux droits à la fois, un droit de Dieu et un droit de l'être humain. Il ne faut pas se laisser abuser ici par une opposition qui n'a strictement rien à voir avec la logique moderne des droits humains. Croire en Dieu et accomplir la prière, par exemple, sont des droits de Dieu, des devoirs qui lui sont dus. À l'inverse, s'acquitter d'une obligation contractuelle relève des droits humains, c'est-à-dire des rapports entre humains (même si les règles sont énoncées par Dieu). Inconditionnels, les premiers ne dépendent dans leur accomplissement que de la volition divine ; les seconds sont *aussi* conditionnés par la volonté humaine. Un châtiment corporel peut dépendre pour partie de la décision de l'homme. En cas d'homicide par exemple, le sang versé doit être acquitté par la peine de mort, conformément à la loi du talion (*qiças*). Ce droit de Dieu peut cependant être écarté si les ayants droit de la victime accordent leur pardon au coupable : ils le font pour expier leurs péchés (5 : 45) ou en contrepartie d'une compensation matérielle (2 : 178).

Pourquoi l'injure au Prophète transgresse-t-elle un droit de Dieu et un droit de l'être humain ? Qu'elle transgresse le premier, à savoir croire en Allah et en son Prophète, cela se conçoit. Mais comment peut-elle enfreindre un droit humain quand le principal concerné – le Prophète – n'est plus de ce monde ? C'est que la communauté des fidèles le remplace dans ses droits. Libre à Muhammad de se désister de son droit : il lui est arrivé de le faire de son vivant, rappelle-t-on ; en revanche l'*Oumma*, la communauté des croyants, ne peut renoncer au sien. Une fatwa en ce sens figure dans le *Recueil des fatwas des oulémas du Maghreb* (XVe siècle) : « De la preuve relative au non-repentir de celui qui insulte le Prophète[1] ». Mais qu'est-ce qui empêche alors la communauté des fidèles

1. Voir la fatwa *in* Wansharisi, *al-Mi'yar*, vol. 2, *op. cit.*, p. 521-522.

de faire preuve de mansuétude ? Yadh et Ibn Taymiyya n'évoquent pas cette hypothèse. Et pourquoi ne pas étendre le refus du repentir à l'imprécation proférée contre Dieu ? Piégés par leur propre rhétorique, les deux juristes répondent confusément : maudire Dieu est une *impiété* qui prend fin par la conversion à l'islam tandis qu'insulter Muhammad est un *crime* objectif, sans rapport avec le statut subjectif du blasphémateur (croyant ou non-croyant).

Cet emportement est lourd de conséquences. D'abord, la conversion de l'impie blasphémateur n'aura servi à rien : il sera poursuivi partout, « pour peu qu'il soit à notre portée », écrit Ibn Taymiyya[1]. Ensuite, la repentance du musulman est sans effet. Tout au plus lui sera-t-elle « utile » auprès de Dieu, remarque Yadh ! Si la mort de l'homme du Livre est exigée en cas d'insulte sans équivoque, il a néanmoins le droit de récuser la prophétie de Muhammad. Cette récusation est « conforme à ce qui caractérise l'infidélité du protégé (*dhimmi*) », écrit encore le cadi andalou. Que veut dire une formule aussi embrouillée ? Elle fait allusion au double statut des juifs ou des chrétiens : ce sont des « infidèles » (9 : 30 et 5 : 73) tout en appartenant à des religions révélées et vénérées (2 : 136). Ils sont de ce fait en droit de ne pas croire en Muhammad. Pourquoi ? « Parce qu'elle [l'infidélité] les autorise à défendre des articles de foi, tel qu'attribuer au Seigneur une compagne, un associé et un enfant », ce qui constitue une impiété manifeste au regard du Coran : « Nous n'associerons jamais personne à notre Seigneur [qui] ne s'est donné ni compagne ni enfant » (72 : 2-3). La distinction entre « récuser » et « insulter » prend la forme de locutions types. Ainsi, libre au juif ou au chrétien de dire : « Muhammad ne nous est pas envoyé à nous, mais à vous uniquement ; et notre Prophète est bien Jésus ou Moïse ! » Cet énoncé n'offense personne. En

1. Ibn Taymiyya, *Sarim al-masloul*, vol. 2, *op. cit.*, p. 33.

revanche, dire : « Notre religion est meilleure que la vôtre » ou « Jésus, ou Moïse, est meilleur que Muhammad » froisse l'amour-propre des musulmans, écrit Yadh, et donc une peine réparatrice est exigée. Et déclarer à des musulmans : « Votre religion n'est rien d'autre que celle d'ânes ! », ou s'exclamer à l'appel du muezzin : « Espèce de menteur ! » représente des propos injurieux punissables de mort. Yadh n'exclut pas que l'homme du Livre blasphémateur soit brûlé vif, ou tué puis réduit en cendres, sur décision du magistrat[1]. Pour leur part, Subki et Ibn Abidin s'en tiennent à la thèse centrale : le repentir efface le blasphème de l'infidèle « constitutif » et du musulman renégat. Ce repentir n'est pas requis de l'homme du Livre, autorisé à récuser Muhammad.

Une doctrine actuelle

Le XIXe siècle est un moment de répit, les fatwas inquisitoires ne reprenant qu'au début du XXe. Trois dates sont à retenir : 1934, 1974 et 1989.

C'est en pleine Égypte libérale qu'une première fatwa émane, le 6 janvier 1934, de Salim Abedlmajid, grand mufti (1928-1946) de la Maison de la Consultation d'Égypte (créée en 1895, à ne pas confondre avec le rectorat d'al-Azhar remontant au XVIIe siècle). Il est alors requis de fournir le jugement de l'islam à propos d'une parole proférée à l'issue d'une altercation entre deux individus : « Que Dieu maudisse la religion de ton Prophète ! » Le mufti décrète : « Quiconque insulte [*sabb*] la religion du Prophète » est « impie-renégat ». Laconique, la fatwa se prévaut d'un « consensus dûment établi », en référence à l'accord des quatre écoles sur le sort du blasphémateur[2].

1. Yadh, *Shifa*, partie IV, *op. cit.*, p. 1034.

2. La Maison de la Consultation d'Égypte, *Fatwas*, Le Caire, 1980, vol. 4, respectivement, fatwas n° 676 et 677, p. 1463-1464.

Renouant avec la tradition, ce premier avis juridique du XXe siècle fait partie d'une série condamnant les intellectuels libéraux Ali Abderrazak et Taha Hussein (1925 et 1926), comme nous l'avons vu plus haut, la représentation cinématographique du Prophète dans *Le Prophète Muhammad* (1926 encore) et (en 1926 toujours) le divertissement musical avec instruments (mais ni la chanson *a capella* ni le bruit du tambour). Coïncidence porteuse de significations : la congrégation des Frères musulmans voit le jour en 1928, et le wahhabisme, ce courant de pensée rigoriste venu des profondeurs de l'âge médiéval quoique apparu au XVIIIe siècle, impose un ordre moral impitoyable à La Mecque en 1924, avant de fonder l'actuel royaume saoudien en 1932.

C'est le même clergé wahhabite qui remettra la question du blasphème à l'ordre du jour dans les années 1970. Il est en position de force. En 1974, l'Arabie Saoudite est en effet prospère. C'est alors qu'Ibn al-Baz (m. 1999) se fend d'un avis circonstancié et motivé dénonçant le président tunisien Bourguiba pour blasphème[1]. À l'époque, Ibn al-Baz était président de l'université islamique de Médine, avant de se hisser en 1993 au rang de président du Conseil des grands oulémas d'Arabie Saoudite (où il est resté jusqu'à sa mort). Bourguiba avait prononcé le 18 mars un discours devant un parterre de lettrés, et, emporté par sa faconde, il s'était laissé aller à critiquer l'islam. Furieux, Ibn al-Baz commit une fatwa au titre fleuve résumant ses griefs : « Le jugement de l'islam sur celui qui prétend que le Coran se contredit, contient des récits légendaires, abaisse le rang du Prophète ou doute de sa mission et sur le président Abu Rqiba [Bourguiba] relativement aux propos qui lui sont attribués ». L'ouléma

---

1. Voir notre traduction des fragments du discours de Bourguiba et de la fatwa d'Ibn al-Baz, in *Historia*, n° 841, janvier 2017 ; et sur le rapport des deux hommes, notre livre précité *Histoire du wahhabisme*..., p. 259-278.

cite abondamment Ibn Taymiyya, avant de conclure : « Il est établi que quiconque rejette une partie du Coran, nie ce que le Coran a formellement établi, sous quelque forme que ce soit, ridiculise, discrédite, maudit, rabaisse ou insulte le Prophète, ou commet des forfaits semblables, encourt la peine capitale, fût-il un protégé [juif ou chrétien]. »

Comparée à cette fatwa circonstanciée de trente pages, celle de Khomeyni (14 février 1989) contre l'auteur des *Versets sataniques*, ses éditeurs et ceux qui « ont connaissance de son contenu », est aussi laconique et aussi peu argumentée que celle du mufti égyptien Salim Abedlmajid. Il faut rappeler le corpus chiite pour comprendre la teneur de la fatwa de l'ayatollah Khomeyni : chaque musulman est autorisé à tuer lui-même le blasphémateur, sans délai et sans en référer aux autorités, comme nous l'avons vu précédemment[1]. On oublie souvent que Rushdie, quatre jours après la fatwa, s'est fendu d'une déclaration dans laquelle « il regrette profondément la peine que la publication a occasionnée aux sincères fidèles de l'islam ». Elle est rejetée le 19 février par Khomeyni lui-même dont l'intransigeance n'a qu'une explication : l'insulte au Prophète dans la tradition chiite est non pardonnable.

Médiatisée, la fatwa stimule Abu al-Fadl al-Ghumari, prédicateur marocain (m. 1992), qui rédige un opuscule d'une trentaine de pages intitulé *L'Épée qui fauche celui qui insulte le Prophète élu*[2]. Tout est dit dans le sous-titre : *Les musulmans sont unanimes pour décréter la mort par l'épée de celui qui dit du mal ou insulte le Prophète.* Le prédicateur pille littéralement les trois auteurs classiques (Yadh, Ibn Taymiyya et Subki) pour en déduire ceci : « Il appert donc que le meurtre de l'auteur

1. Voir également Bernard Lewis, « Behind the Rushdie Affair », *The American Scholar*, 60, 2, 1991, p. 193-194.

2. A. al-Ghumari, *Sayf al-Battar liman sabb al-Nabi al Mukhtar*, Tanger, 1989.

des *Versets sataniques* est valide [...]. Et le musulman qui défend ce criminel et l'approuve est un apostat qui doit être tué, à moins qu'il ne se repente lui-même. » Pour le prédicateur égypto-qatari Qaradhawi, Salman Rushdie est coupable d'une apostasie « aggravée ». C'est-à-dire ? Un reniement de l'islam doublé de propos injurieux à l'égard de Muhammad. L'apostasie « simple », c'est la sortie de l'islam pour embrasser une autre religion ou devenir athée. Elle est « aggravée » par l'insulte. Or, si l'apostasie simple peut être effacée par le repentir, l'apostasie aggravée est non pardonnable[1]. Depuis, les fatwas redondantes se bousculent. À chaque publication de caricatures, elles reprennent mot à mot l'argumentaire médiéval. La question qui se pose alors est : comment en sommes-nous arrivés là, alors que l'entrée dans la modernité était pleine de promesses ?

1. Qaradhawi, *La Société musulmane et la lutte contre l'apostasie*, texte traduit et mis en ligne : http://www.islamophile.org/spip/Le-danger-de-l-apostasie-et-la.html#nb13

4

Naissance de la presse satirique

De l'imprimerie au journal

Vaincre la résistance religieuse

C'est un lieu commun de dire que l'islam brille de mille feux entre le IXe et le XIIe siècle, après quoi il sombre dans un déclin sans fin : l'intelligence se raréfie, le savoir se sclérose et le pouvoir se raidit. Quand il se réveille de nouveau vers la fin du XVIIIe siècle, il souhaite se moderniser. Or, l'une de ses premières conquêtes à ce moment-là est l'imprimerie. Introduite au XVIIIe siècle, après qu'elle a vaincu la résistance des oulémas. Un siècle plus tard, elle donne naissance au journal, premier espace public contradictoire. La presse satirique, y compris celle illustrée, apparaît aussi dans ces conditions. Il faut en rappeler l'histoire, avant d'en évaluer la portée.

En 1726, à Istanbul, Müteferrika, un protestant calviniste converti à l'islam, demande au *sadrazam* (« grand vizir ») Ibrahim Pacha l'autorisation de mettre sur pied une imprimerie. Il redoutait en effet l'opposition des milieux religieux à une invention « dangereuse pour l'ordre public et... la conduite de la religion », comme il le fit savoir à César de Saussure, son compatriote hongrois[1]. Il appuie prudemment sa requête sur *L'Outil de l'imprimerie* (*Wesilat al-tiba'a*), un mémoire sur les vertus d'un procédé rendant les livres accessibles à un prix raisonnable et à un large public. Les copistes protestent… vainement. On en ignore leur nombre, mais l'Italien Di Marsigli les estime alors (en exagérant) à 80 000 (il a séjourné à Constantinople à deux reprises, en 1679 et 1692)[2]. D'après Elias Abesci, attaché durant des années au service du Grand Seigneur, il faut plutôt en compter 20 000 en 1784[3]. Informé de la requête, le sultan Ahmed III (r. 1703-1730) prend un *firman* (« décret royal ») qui inclut une fatwa autorisant l'impression des livres non religieux[4]. Appelé à se prononcer sur le bien-fondé de la requête, le cheikh suprême Abdullah répond : « […] Je décide que cet art, à raison de ses grands avantages, doit être encouragé. » Soixante oulémas approuvent sa décision, et quatre religieux sont chargés de vérifier la conformité des épreuves aux manuscrits[5].

---

1. Cité *in* Fatma Müge Göçek, *East Encounters West : France and the Ottoman Empire in the Eighteenth Century*, New York et Oxford, Oxford University Press, 1987, p. 113.

2. L'information est fausse : la ville compte au XVIIe siècle 250 000 hommes adultes, de sorte qu'il est impossible qu'un mâle sur trois vive de la reproduction des manuscrits, voir Ami Ayalon, *The Arabic Print Revolution*, Cambridge, Cambridge University Press, 2016, p. 9, note 26.

3. Elias Abesci, *État actuel de l'Empire ottoman*, trad. fr. M. Fontanelle, Paris, Chez Lavillette, Libraire, 1792, p. 151-152.

4. Henri Omont publie en français les trois pièces (le firman, la fatwa et l'essai) in *Documents sur l'imprimerie à Constantinople au XVIIIe siècle*, Paris, Librairie Émile Bouillon, 1895, p. 10-21. Les trois pièces ne seront traduites en anglais qu'en 1995 par Christopher Murphy *in* George N. Atiyeh (dir.), *The Book in the Islamic World. The Written Word and Communication in the Middle East*, Albany (NY), State University of New York Press, 1995, annexes, p. 284-292.

5. Voir sur cet épisode, Skovgaard Petersen, « Fatwas in Print », *Culture and History*, n° 16, 1997, p. 73-88 et Orlin Sabev qui n'exclut pas, sur la

Müteferrika installe la première imprimerie à Istanbul (1726). Mehmet Saïd Efendi, le premier homme d'État turc à parler français, est associé à l'entreprise. En 1720, il avait accompagné à Paris son père, l'ambassadeur Celebi Mehmed Efendi, dont *Le Paradis des infidèles* est l'une des premières relations de voyage sur les merveilles et les fastes de Paris. Il y revient en 1741 en mission officielle. Voltaire avait alors reporté la représentation de sa pièce *Mahomet* « par courtoisie » envers un homme féru de théâtre[1]. Il sera *sadrazam* pour quelques mois (en 1755). Mais c'est Müteferrika qui est à la manœuvre. Surnommé « l'imprimeur » (*basmadji*), il s'attache les services d'un intendant de confession hébraïque et fait venir des techniciens français pour faire tourner les machines importées de France[2]. En 1728 paraît le premier ouvrage imprimé, un dictionnaire arabe-persan-turc. Le grand Mufti s'en félicite dans un communiqué. En 1730, Mehmet Saïd Efendi s'étant retiré de l'affaire, Müteferrika gère seul l'atelier. À sa mort en 1747, les machines sont mises à l'arrêt. Elles ne reprendront du service que près de quarante ans plus tard, en 1784.

Pourquoi une si longue interruption ? L'abbé Toderini (qui a séjourné à Constantinople entre 1781 et 1786) et le publiciste Ubicini (m. 1884) estiment que l'œuvre était une entreprise individuelle qui n'aura finalement pas survécu à

---

base d'archives, que le *firman* soit pris après l'établissement de l'imprimerie, voir Orlin Sabev, « Formation of Ottoman Print Culture (1726-1746), Some General Remarks », *Regional Program 2003-2004, 2004-2005*, Bucarest, New Europe, p. 293-333, *loc. cit.*, p. 297-298.

1. Niyazi Berkes (qui ne cite pas ses sources à propos de Voltaire), *The Development of Secularism in Turkey*, Londres, Hurst & Company, 1999, p. 36-37.

2. Ian Proudfoot, « Mass Producing, Houri's Moles, or Aesthetics and Choice of Technology in Early Muslim Book Printing », *in* P. G. Ridell et J. Street (dir.), *Islam : Essays on Scripture, Thought, and Society*, Leyde, Brill, 1997, p. 161-184, *loc. cit.*, p. 161 et p. 178.

son maître. Le baron de Tott n'est pas de cet avis. Attaché au service du sultan Mustapha III (de 1757 à 1774), il impute aux oulémas le refus d'un art qui leur a ravi le monopole du savoir. Elias Abesci parle d'« une révolte générale fomentée par les gens de la loi ». En 1803, le clergé cède, et une imprimerie installée sur la rive asiatique d'Istanbul publie trois ouvrages de théologie musulmane. En 1871, elle imprime un Coran : éditer le Livre saint n'est donc plus un sacrilège, écrit l'éminent historien Ahmed Cevdet Pacha (m. 1895) dans son *Histoire* (*Tarikh*)[1].

En Iran, la bigoterie religieuse et la résistance des copistes ont également retardé l'imprimerie. Elle est finalement introduite près d'un siècle après la Turquie, le Coran étant l'un des premiers livres qui sorte en 1824 des imprimeries de Tabriz introduites en 1816-1817[2]. En Égypte, le khédive Mehmet Ali implante en 1822 des imprimeries à Boulaq (banlieue Nord du Caire). Il en confie la direction à Nicolas al-Masabki, un chrétien libanais. L'équipement et le personnel sont italiens. L'entreprise se voue à l'impression d'ouvrages scientifiques, utiles à l'œuvre de modernisation. Un Coran est néanmoins imprimé en 1833 en… quatre exemplaires, le nombre des instituteurs d'une madrasa de soixante élèves. Paton parle d'une fatwa favorable émanant du « mufti du Caire Sheikh-el-Temimy », mais c'est faux[3].

1. Cité *in* Orlin Sabev, « Formation of Ottoman Print Culture (1726-1746), Some General Remarks », art. cité, p. 318-319 ; *id.*, « En attendant Godot : la formation d'une culture imprimée ottomane », *Études Balkaniques-Cahiers Pierre Belon*, 2009/1, n° 16, p. 219-237, *loc. cit.*, p. 235.

2. Voir Edward G. Browne, *The Press and Poetry of Modern Persia*, Londres, Cambridge University Press, 1914, p. 7-8.

3. Andrew A. Paton, *A History of Egyptian Revolution, from the Period of the Mamelukes to the Death of Mohammed Ali*, Londres, Trübner & Co, 1870, p. 245 (première edition 1863). Le dénommé Temimy n'est ni le mufti d'al-Azhar ni celui de la Maison des fatwas durant le séjour de Paton (1839-1841).

Les archives gardent en revanche une curieuse correspondance. En effet, en date du 30 avril 1833, l'administration du Palais ordonne de convoquer l'imprimeur pour savoir si les machines utilisent de la « peau de chien », considérée comme impure pour fabriquer les reliures des livres religieux[1]. En fait, les oulémas d'al-Azhar opposaient une farouche résistance à l'édition de livres religieux, et ils ont soumis l'affaire au khédive Saïd. En 1854, ils lui arrachent deux communiqués, l'un interdisant « la mise à l'achat et la vente du Coran, illicite du point de vue de la Loi », et l'autre ordonnant de détruire les exemplaires contenant des fautes typographiques. Ils obtiennent ainsi la charge d'en superviser l'édition. La même année, un Coran annoté est imprimé en Indonésie[2]. Malgré les restrictions, le Coran n'est plus désormais copié à la main en nombre limité pour une poignée de lettrés : il est à la disposition de la masse des musulmans, quatre siècles après l'impression de la Bible de Gutenberg (1455).

Les raisons d'un retard

Manifestement, les musulmans ont accusé un retard considérable dans l'adoption de l'imprimerie. Du XVIe au XVIIIe siècle, ils boycottent les écrits imprimés en lettres arabes venant d'Europe[3], et ils refusent d'imiter les minorités non islamiques qui ont créé leurs propres imprimeries, les juifs dès le XVe siècle et les chrétiens à partir de 1610, date d'une

1. Abul Fattuh Ridwan, *Tarikh matbaat al-Bulaq* (Histoire de l'imprimerie Boulaq), Le Caire, al-Matbaa al-amiriyya, 1953, p. 279.

2. Voir Ian Proudfoot, « Early Muslim Printing in Southeast Asia », *Libri* (Copenhague), vol. 45, 1995, p. 216-223.

3. Voir Josée Balagna, *L'Imprimerie arabe en Occident (XVIe, XVIIe et XVIIIe siècles)*, Paris, Maisonneuve & Larose, 1984, première partie, « Le XVIe siècle », p. 15-45.

édition bilingue (arabe-syriaque) du *Psautier de Quzhayya* (du nom d'un monastère établi sur le mont Liban)[1]. Tous les grands voyageurs imputent la résistance aux oulémas, aux copistes et aux gouvernements despotiques : le diplomate anglais Paul Ricaut incrimine les Turcs, Tavernier les Iraniens et Volney les Orientaux en général[2]. Le point central de la dispute est la sacralité attachée au manuscrit : est-ce à dire que l'imprimé est impur ?

Une fatwa du XVe siècle apporte des éléments de réponse. Rédigée par le Marocain Ibn Marzuq (m. 1438), elle porte sur « la licéité d'écrire sur le papier des Roumis [Byzantins, Francs] », à l'époque importé d'Europe après le déclin de la fabrication du papier dans l'Occident musulman[3]. L'une des phases de la fabrication du papier consiste à le tremper dans l'eau et à le presser. Des juristes en ont conclu que le papier est *ipso facto* souillé par les mains des Roumis, ce qui le rend impropre au toucher par des mains dévotes. Sur trente pages, Ibn Marzuq démontre que les mains des Roumis ne sont pas impures ; et à supposer qu'elles le soient, nécessité fait loi. Mais l'avis éclairé du juriste n'a pas fait jurisprudence :

---

1. Sur les imprimeries juives, voir Paul Dupont, *Histoire de l'imprimerie*, Paris, Chez tous les libraires, 1854, t. 1, p. 512 ; sur les chrétiens d'Orient, Wahid Gdoura, *Le Début de l'imprimerie arabe à Istanbul et en Syrie : évolution de l'environnement culturel (1706-1787)*, Tunis, Institut supérieur de documentation, 1985, p. 20-70.

2. Paul Ricaut, *Histoire de l'état présent de l'Empire ottoman*, trad. fr. P. Briot, Paris, Chez Sébastien Marbre-Cramoisy, deuxième édition, 1670, p. 108 ; Jean-Baptiste Tavernier, *Les Six Voyages de Jean-Baptiste Tavernier… qu'il a faits en Turquie, en Perse, et aux Indes*, Paris, Gervais Clousier, 1676, livre V, p. 605 ; Volney, *Voyage en Égypte et en Syrie pendant les années 1783, 1784 et 1785*, in *Œuvres complètes*, t. 3, Paris, Dossanges Frères, 1821, p. 291-292.

3. La fatwa figure *in* Wansharisi, *al-Mi'yar*, vol. 1, *op. cit.*, p. 75-84 ; elle est traduite et commentée par Leor Halevi, « Christian Impurity Versus Economic Necessity, A Fifteenth-Century Fatwa on European Paper », *in* Maribel Fierro (dir.), *Orthodoxy and Heresy in Islam*, vol. 1, Londres et New York, Routledge, Taylor & Francis Group, 2014, p. 67-98.

un siècle après, l'ambassadeur du roi d'Autriche auprès de Soliman le Magnifique (1555 et 1562), Ogier Busbecq, note que les Turcs « ne sont toutefois pas encore convaincus d'utiliser l'imprimerie [...], parce qu'ils pensent que les Écritures – *i.e.* leurs livres saints – ne seraient plus des *Écritures* si elles étaient *imprimées*[1] ». L'esthétique, toutefois, a dû jouer également : l'imprimé ne pouvait rivaliser en beauté avec la calligraphie.

C'est le dernier élément à prendre en compte : le procédé typographique utilisé en imprimerie depuis Gutenberg reproduit très difficilement les lettres arabes, dont la particularité consiste à changer de forme quand elles sont liées les unes aux autres – ce qui est le cas des langues dites « cursives ». L'introduction dans le monde musulman, vers les années 1870, de la lithographie (utilisée en Europe depuis 1806) améliore la qualité de l'impression[2]. Elle évite ainsi les défauts rédhibitoires des ornementations du manuscrit à un prix défiant toute concurrence, ce qui donne naissance à la presse illustrée en terre d'islam et popularise la représentation figurée. On voit alors circuler des lithographies d'Ali, Hussein et Fatima vers les années 1850 à Istanbul. Ce sont de grands succès de vente, même à La Mecque[3]. Après des débuts difficiles au XVIIIe siècle, l'imprimerie gagne donc définitivement le monde musulman au XIXe siècle[4]. Au départ,

1. Les lettres sont écrites en latin et publiées en 1581. Nous traduisons de l'anglais : *The Life and Letters of Ogier Ghiselin de Busbecq*, vol. 1, Cambridge, Cambridge University Press, 2012, lettre III, p. 255. Nous n'avons pas pu consulter la version française (*Les Lettres turques*, Paris, Honoré Champion, 2011). Les mots en italique sont de l'auteur.

2. Voir Ian Proudfoot, « Lithography at the Crossroads of the East », *Journal of the Printing Historical Society*, n° 27, 1998, p. 113-131.

3. Ian Proudfoot, « Mass Producing, Houri's Moles, or Aesthetics and Choice of Technology in Early Muslim Book Printing », art. cité, p. 180.

4. Au Liban (1734, date de la reprise après l'interruption en 1711), en Iran (1816-1817), en Irak (1816 ou 1821), en Égypte (1822), en Algérie (1830), en

on imprime des manuels scolaires, des dictionnaires et des livrets, pour la plupart traduits du français.

La presse, naissance du publiciste

L'imprimerie rend possible, je l'ai dit, le journal, premier mode d'expression à grande échelle dans l'histoire de l'islam[1]. Les premiers voient le jour vers les années 1830 en Égypte, en Turquie et en Iran[2]. Les autres États suivent quelque temps après. La plupart des titres sont à la fois des bulletins officiels d'information et des magazines d'opinion. De la fin du XIXe siècle aux premières années du XXe, la presse est florissante. En Iran, 91 titres voient le jour au XIXe siècle ; on en compte 84 en 1907, durant la révolution, et 99 l'année d'après[3]. Hartmann établit les fiches de 168 titres en Égypte, de 1875 à 1899[4]. Vers les années 1930, l'Égypte compte 200 journaux, la Syrie 128 (en 1937) et le Liban 250 (entre 1918 et 1939). Ce spectaculaire essor s'explique par la frénésie d'un public avide de savoir ce qui agite le monde, des grands événements aux faits divers. On s'abonnait à plusieurs à un journal, on le louait à bas prix pour le restituer ensuite au vendeur, on se l'échangeait, on en faisait la lecture à voix haute

---

Syrie (1841), en Tunisie (1857 et 1860), au Maroc (1864), en Libye (1866), en Inde musulmane (1781 à Calcutta et 1870 à Bombay) et au Hedjaz sous domination turque (1882). Il s'agit, en l'absence d'une recension complète, d'un croisement de sources parfois approximatives.

1. Nous nous appuyons sur Philippe de Tarazi, *Tarikh* (Histoire de la presse arabe), Beyrouth, al-Matbaa al adabiyya, 1913, 2 vol., et Ami Ayalon, *The Press in the Arab Middle East : A History*, Oxford, Oxford University Press, 1995.

2. *Al-Wqai' al-Misriyya* (Les événements d'Égypte, 1828), *Takvim-i Vekayi* (Calendrier des événements, 1831) en Turquie et *Akhbar-i Wakayi'* (Événements courants, 1837) en Iran.

3. Edward G. Browne, *The Press and Poetry of Modern Persia*, *op. cit.*, p. 27-167.

4. Martin Hartmann, *The Arabic Press of Egypt*, Londres, Luzac & Cie, 1899, p. 52-85.

dans les lieux publics, notamment dans les cafés, de Téhéran à Beyrouth. Les lettrés étant alors une infime minorité, les analphabètes recouraient parfois à des lecteurs rémunérés pour s'instruire[1].

Le journal est l'œuvre du « publiciste », une figure inédite. Son rôle est crucial dans la création d'une opinion publique. Il est fondateur du journal, chroniqueur, pamphlétaire ou éditorialiste. Peu importe son obédience intellectuelle (toutes sont représentées) et ses motivations (nobles ou mercantiles). Il est en quelque sorte un ouléma d'un genre nouveau, l'« intellectuel organique » de l'islam moderne. Mais l'exercice de ce métier n'est pas idyllique : la censure est institutionnalisée, des offices et des établissements administratifs tatillons contrôlent les publications. Il s'agit d'une censure politique, concomitante à celle qu'exercent les oulémas. Et la censure peut susciter, bien sûr, l'autocensure : s'interdire d'aborder la politique et la religion, laissée à qui de droit, à savoir l'État et les puissants du jour. De nombreux journaux s'y soumettent sans rechigner[2]. Comment se comporte la presse satirique ?

Caricaturer sans choquer

La caricature moderne naît vers les années 1870. Elle ne manque pas d'audace, mais ses traits de crayon épargnent Dieu, les anges et les prophètes. Il arrive que la religion soit sujette à saillies, sans qu'on sache très bien du reste ce qu'elle est : un dogme, des rites, des mœurs ou un clergé ?

---

1. Du XIXe siècle à la veille de la Seconde Guerre mondiale, l'analphabétisme oscille entre 90 % et 70 % dans les pays arabes (70 %, la figure la plus basse pour le Liban). Voir le pourcentage par pays *in* Ami Ayalon, *The Press in the Arab Middle East…*, *op. cit.*, p. 141-143.

2. Voir la liste in *ibid.*, p. 127-128.

Nous passerons ici en revue les pays sur lesquels nous disposons d'une information consistante : la Turquie, l'Égypte et l'Iran.

En Turquie, la naissance de la presse satirique s'insère dans le contexte des réformes dites Tanzimat (1839-1877), consacrées par la promulgation de la Constitution (1876), l'élection d'un Parlement (1877) et la révolution des Jeunes Turcs (1909). *Istanbul* est le premier journal à faire paraître un dessin (en 1867), d'après Turgut Çeviker[1]. La première revue satirique reste *Diyojen* (*Diogène*), dont la manchette des 62 premiers numéros représente le cynique enfoncé dans son tonneau, s'adressant à Alexandre le Grand vêtu en militaire par l'exclamation légendaire : « Ôte-toi de mon soleil ! » *Diyojen* accueille le 23 novembre 1871 la première caricature. Elle est de Theodore Cassape, un Grec orthodoxe, et se moque de la presse aux ordres : « Pourquoi chercher des délateurs aux grandes oreilles puisqu'on a des journaux [...] fidèles au gouvernement[2] ? » Le premier journal censuré pour une caricature est *Istanbul*, en 1873, après qu'il a publié un dessin représentant de « manière ridicule » un dignitaire[3]. Le Code de la presse (1857) et le Code pénal (1859) avaient prévu de sanctionner la publication de figures et d'images contraires aux bonnes mœurs ou « obscènes ». La fermeture la même année (1873) de

1. Turgut Çeviker, *Early Turkish Cartoon, 1867-1878 and 1878-1908*, Istanbul, Adam Publications, 1986, p. 20-23 ; *id.*, *Early Turkish Cartoon, Constitutional Period, 1908-1918*, Istanbul, Adam Publications, 1986. Je remercie mon étudiant Najadi qui m'a aidé dans l'utilisation de ces deux ouvrages rédigés en turc.

2. Turgut Çeviker, *Early Turkish Cartoon...*, *op. cit.*, p. 145.

3. Johann Strauss, « L'image moderne dans l'Empire ottoman : quelques points de repère », *in* Bernard Heyberger et Silvia Naef (dir.), *La Multiplication des images en pays d'Islam : de l'estampe à la télévision (XVIIe-XXIe siècle)*, Wurzbourg, 2003, p. 139-176, *loc. cit.*, p. 161.

Diyojen, après quatre suspensions, pousse Theodore Cassape à lancer *Hayal* (*Rêve*). Il écope de deux années de prison à cause d'un croquis (1877) mettant en scène deux figures incontournables de l'humour ottoman, Hacivat et Karagöz. Le premier s'inquiétant du sort de son ami, pieds et poings enchaînés, Karagöz lui répond : « C'est ça la liberté dans les limites de la loi[1] » – allusion à la Constitution promulguée une année auparavant, qui garantissait la liberté de la presse « dans les limites de la loi ».

Les récriminations contre la liberté de la presse viennent également des libéraux. Le grand écrivain Sinasi (m. 1871), chantre de la liberté de la presse et précurseur de la révolution, proteste contre des images illustrant les défaites militaires des musulmans, de nature à démoraliser la population. *Tasvir-i Efkâr* (*Journal d'opinion*), le premier journal privé (1862), alerte carrément la police sur la circulation d'images indécentes. Il ressort du bilan de la caricature écrite et illustrée, tel qu'il est dressé par Turgut Çeviker sur une longue période (1867-1918), que la presse satirique ne manquait pas de railler le sultan, les notables, les hommes de religion, les mœurs, la vie quotidienne sous tous ses aspects, ainsi que l'Europe et la guerre. Rien de tout cela n'échappait à un humour corrosif, mais la critique humoristique de la religion proprement dite comptait à peine pour 1 % des cibles de la presse satirique[2].

Moins frileuse en Égypte, la presse satirique est liée au nom de Yaqub Sanu' (m. 1912), plus connu sous le pseudonyme qu'il s'est donné, Abou Nadhara, « l'homme aux

---

1. Voir le croquis et le dialogue *in* Turgut Çeviker, *Early Turkish Cartoon…*, *op. cit.*, p. 73.

2. Palmira Brummett, *Image and Imperialism in the Ottoman Revolution Press, 1908-1911*, Albany (NY), State University of New York Press, 2000, p. 15 et p. 68.

lunettes » (en référence à la grosse paire qu'il chausse). On lui doit le premier journal satirique arabe, la première caricature dans un journal et le premier dessin représentant un prophète dans une caricature sans qu'il soit moqué. Yaqub Sanu' est un notable. Son père, juif sépharade d'ascendance espagnole, était attaché au secrétariat du frère du khédive Ismaïl (r. 1863-1879). Familier de la cour, l'homme de théâtre joue à trois reprises devant le khédive, qu'il finit par froisser avec *Al-Dharratan* (*Les deux épouses*), une comédie sur les ratés d'un bigame partagé entre deux amours exigeants. Sanu' décide alors de publier *Abou Nadhara Zarqa* (*L'Homme aux lunettes bleues*), un journal satirique prenant pour titre son propre sobriquet. L'éditorial du premier numéro (25 mars 1878) de ce journal « de divertissements et de choses risibles » se prévaut du « progrès des idées et des mœurs[1] ». Au quinzième numéro, *Abou Nadhara Zarqa* est suspendu, et Sanu' s'exile à Paris. Il multiplie les titres de son libelle à destination du Caire, afin de contourner la censure égyptienne. En 1879, il publie *Nadharat al-misriyya* (*Les Lunettes égyptiennes*). Dans le numéro du 5 février 1880, une vraie surprise attend le lecteur : un croquis représente un prophète *dans* une caricature[2]. C'est une première du genre dans un journal satirique, tous pays et langues confondus.

1. Le premier qui fait connaître Sanu' en France est Paul de Baignières, *L'Égypte satirique. Album d'Abou Naddara*, Paris, Imprimerie Lefebvre, 1886. Nous nous appuyons sur les matériaux suivants : *Le Journal d'Abou Nadhara* (quelques milliers de pages disponibles aux Archives de l'université de Toronto, Canada), la notice biographique de Philippe de Tarazi, *Tarikh* (Histoire de la presse arabe), *op. cit.*, p. 282-286, et le site que lui consacre l'université de Heidelberg : http://kjc-sv016.kjc.uni-heidelberg.de:8080/exist/apps/Nadhara/project.html.

2. *Nadharat al-misriyya*, in *Le Journal*, *op. cit.*, 1880, vol. 2, p. 49.

Un prophète dans une caricature, *Nadharat al-misriyya* (journal *Les Lunettes égyptiennes*), 5 février 1880.

La planche met face à face Abou Nadhara (Sanuʿ lui-même) et un vieillard à la barbe abondante, vêtu d'une tunique. Celui-ci pointe du doigt trois personnages, un gentilhomme grassouillet et deux jeunes gens, tous trois à genoux, se couvrant le visage de honte : le khédive Ismaïl Pacha et ses deux fils, Tawfiq et Hussein Kamel, déshonorés après la décision prise par le suzerain ottoman Abdelhamid II (absent du dessin) de déposer le khédive en exercice au profit de son fils (1879). Quant au patriarche, c'est un prophète, selon la légende bilingue qui accompagne la lithographie. Mais lequel ? En langue arabe, il est écrit : « Abou Nadhara prie le prophète Jérémie de ne pas maudire le cheikh du village [le khédive] et de le protéger. » Pourquoi Jérémie ? Peut-être en référence à ses lamentations sur le sort de Jérusalem. La légende en langue française est écrite dans un français corrompu (imputable sûrement à l'imprimeur, Abou Nadhara étant polyglotte) : « Abou Naddara prie le prophet [prophète] de ne pas maudir[e] le vieux Pharaon et ses deux fils. » Ainsi, en passant de l'arabe au français, la caricature remplace Jérémie par « le prophète », l'article défini désignant d'ordinaire Muhammad. Une année après, jour pour jour (5 février 1881), un autre dessin paru dans *Al-Hawi* (autre appellation de *Nadharat al-misriyya* pour contourner la censure) représente des anges (dont la figuration est polémique), l'épée à la main, surplombant deux nains, les khédives Ismaïl et Tawfiq, de nouveau humiliés[1]. Ces croquis n'ont suscité aucune protestation : les temps étaient à l'émancipation.

En Iran, la presse satirique est plus tardive. Les dix années du règne de Muzaffar-al-Din Shah (1897-1907) sont une embellie, couronnée par la révolution constitutionnelle iranienne (1905) – phase libérale qui prendra fin en 1911. Entre-temps, la satire se lâche contre le clergé, par écrit en prose et en vers, par le dessin et par la caricature[2]. *Tulu'* (*L'Aube*) est le premier journal satirique, publié (à Bushire) à partir de 1900. Son éditeur fera partie de la seconde Assemblée nationale (1909[3]). Publié à Tabriz à partir du 19 février 1907, *Azerbayjan* (ou *Azerbaidjan*) est un hebdomadaire satirique d'orientation libérale de huit pages, dont quatre sont illustrées en couleurs[4]. Dans son dix-septième numéro (11 octobre 1907), on voit des djinns instruire un religieux conservateur sur la manière de renverser la Constitution. En mai-juin 1907, *Bouhloul* (« L'insensé », du nom d'un bouffon du calife abbaside Haroun al-Rachid) prend le pari d'ironiser sur les mœurs dans une optique « sincèrement

1. Voir le dessin dans *Hawi*, 5 février 1881, p. 80 et repris *in* Paul de Baignières, *L'Égypte satirique. Album d'Abou Naddara*, *op. cit.*, planche 19.

2. Voir Hasan Javadi, *Satire in Persian Literature*, Rutherford (NJ), Fairleigh Dickinson University Press, 1988, p. 59-90 (voir les illustrations, p. 91-99).

3. La première remonte au 7 octobre 1906.

4. Voir présentation détaillée du premier numéro : Louis Bouvat, « Azerbaidjan », *Revue du monde musulman*, n° 2, 1907, p. 65-69 ; Nassereddin Parvin, « *Azarbayjan* », *Encyclopediae Iranica*, vol. III, fasc. 2, p. 187-189 (disponible en ligne : https://www.iranicaonline.org/articles/azarbayjan-satirical-political-journal).

musulmane[1] ». *Sur-i Israfil* (*L'appel de la trompette d'Israfil*) est imprimé en Suisse (entre 1907 et 1909) à destination de l'Iran. C'est « le plus véhément des journaux de l'époque ». Sur la première page, Israfil, l'ange chargé de souffler dans une trompette afin d'annoncer le Jugement dernier, survole une foule apathique. Certains, les yeux rivés au ciel, voient l'ange battre le rappel en écho à ce verset coranique : « Quand on soufflera dans la trompette » (23 : 101). Israfil tient une banderole où sont inscrits les mots qui doivent réveiller les Iraniens de leur léthargie : « Liberté, Égalité, Fraternité[2] ! »

« L'appel de la trompette d'Israfil » au genre humain, *Sur-i Israfil.*

1. Voir la présentation des premiers numéros par S. N. Louis Bouvat, *Revue du monde musulman*, 1907, vol. 3, août/septembre, 1907, n° IX, p. 161-167.

2. Notice sur Sour Israfil (transcription française de Sur-i-Israfil) signée A. L. M. N, *Revue du monde musulman*, n° 9, vol. 3, août/septembre, 1907, p. 309-311, *loc. cit.*, p. 309 ; voir aussi Edward G. Browne, *The Press and Poetry of Modern Persia...*, *op. cit.*, notice sur n° 245 de *Sur-i Israfil* et dessin d'illustration de l'appel de la trompette, p. 116-117.

L'hebdomadaire *Molla Nasreddin* (*Nasreddine* en français) (1906-1931) tient une place à part dans l'histoire de la caricature en Orient. Le titre se réfère au nom d'un ingénu du XIIIe siècle, un motif littéraire inépuisable[1]. Publié en Azerbaïdjan par Mirza Jalil, un intellectuel iranien, le magazine a un succès retentissant en Asie centrale et dans les mondes turc et iranien. Il tirait en moyenne à 5 000 exemplaires, mais au sommet de son succès il comptait plus de 12 000 abonnés, rien qu'en Iran. Édité dans pas moins de cinq langues (arabe, azéri, perse, turc, russe) par une équipe cosmopolite, il compte à son actif 5 000 caricatures. Par bonheur, près de 300 ont été récemment republiées[2]. Elles couvrent plusieurs thèmes. Celles sur l'islam sont abrasives : dans le premier numéro (7 avril 1906), des musulmans sont dessinés couchés au sol avec cette légende : « Ne les réveille pas, laisse-les dormir. » Le trente-sixième (7 octobre 1907) met en scène des croyants et des chiens léchant un tapis, au pied d'un religieux inaccessible sur son trône. Une autre caricature met en scène le contraste entre le sort réservé aux êtres vivants (représentés par un enfant et des chiens)

1. Il existe une littérature abondante sur ce personnage légendaire qu'on confond parfois avec Djoha (ou Jeha) et avec d'autres figures satiriques, dont on a traduit de nombreuses anecdotes (*Absurdités et paradoxes de Nasr Eddin Hodja*, recueillis, traduits et présentés par Jean-Louis Maunoury, Paris, Phébus, coll. « Domaine turc », 2006). Voir, sur ces personnages, Irène Fenoglio et François Georgeon (dir.), *L'Humour en Orient*, *Revue des mondes musulmans et de la Méditerranée*, n° 77-78, 1995 (accès ouvert sur le portail Persée).

2. Slavs and Tatars (collectif d'artistes), *Slavs and Tatars Presents Molla Nasreddin, the Magazine that Would've Could've Should've*, Zurich, Christoph Keller Éditions, 2011. Voir aussi les 23 figures sélectionnées par Janet et Kamran Afary, « Molla Nasreddin and the Creative Cauldron of Transcaucasia », *British Journal of Middle Eastern Studies*, 2019, p. 1-33 ; et Konul Khalilova, « How Muslim Azerbaijan Had Satire Years Before *Charlie Hebdo* », BBC Azeri service, 28 février 2015 : https://www.bbc.com/news/world-europe-31640643.

affamés, mordant la poussière, et la vénération dans laquelle les mollahs tiennent le Coran[1].

L'hebdomadaire caricature des hommes de religion, des hommes d'État et des propriétaires terriens s'apprêtant à rôtir des paysans (numéro 6 du 10 février 1907). Et la critique s'étend aussi à la masse des fidèles, comme avec cette caravane des pèlerins menée à La Mecque par un âne portant une bannière.

Molla Nasreddin n° 45 (8 novembre 1909), *Pèlerinage à La Mecque.*

Molla Nasreddin se moque également du poids de la religion dans le dispositif constitutionnel. On voit ainsi des hommes hilares donnant la bastonnade à un citoyen : c'est « le châtiment "constitutionnel" [les guillemets sont du journal] pour quiconque rompt le jeûne de Ramadan[2] ».

1. Elle fait partie de certaines planches non datées ni légendées, republiées par Konul Khalilova, « How Muslim Azerbaijan Had Satire Years Before *Charlie Hebdo* », art. cité.

2. Slavs and Tatars (collectif d'artistes), *Slavs and Tatars Presents Molla Nasreddin*, *op. cit.*, p. 165.

L'hostilité des hommes de religion à la liberté d'expression est encore rendue par la caricature de deux mollahs, furieux contre des journalistes critiques à l'égard de l'islam[1]. Mais le journal défend également avec acharnement la liberté des femmes. Ainsi dans un dessin représentant une prison munie de lucarnes avec des prisonniers et une maison sans fenêtres, où des femmes sont cloîtrées : « Sœur, regarde combien ils ont de la chance : ils ont des fenêtres », s'écrie l'une d'elles[2].

On comprend que les religieux iraniens interdisent aux fidèles la lecture de *Molla* : son effet dévastateur est « pire que le sabre de Chemr » [l'homme qui a décimé la descendance d'Ali à Karbala, année 680], dit l'un d'eux[3]. Le journal est impitoyable, mais c'est un cas unique : ailleurs, la caricature des personnages épargne le(s) prophète(s) et la caricature de situations évite soigneusement de s'en prendre à la religion en tant que telle.

Les termes du débat demeurent inchangés depuis le XIXe siècle. Nous en avons un triste exemple aujourd'hui dans l'immense difficulté à distinguer entre trois faits : caricaturer Daech, caricaturer le Dieu de Daech ou caricaturer Dieu « tout court ». La plus parlante des caricatures de Daech est celle du Jordanien Awartani représentant un « daechien » les mains ensanglantées et le revolver orienté vers un tableau où l'on peut lire, sur fond blanc : « L'image de l'islam[4] ». Même

1. *Ibid.*, p. 201.

2. *Ibid.*, p. 52.

3. Cité *in* Janet et Kamran Afary, « Molla Nasreddin and the Creative Cauldron of Transcaucasia », art. cité, p. 3. Les auteurs parlent d'une fatwa dont il n'existe aucune trace.

4. Voir les croquis des Jordaniens Osama Hajjaj, Jehad Awartani et de l'Iranien Mehdi Amo Rasooli *in* Christiane Gruber, « Ignored and Unreported, Muslim Cartoonists Are Poking Fun at ISIS », à l'adresse : https://www.newsweek.com/ignored-and-unreported-muslim-cartoonists-are-poking-fun-isis-332040 ; *id.*, « Fighting ISIS With A Pen. An Interview With the

l'Iran, pays qui décréta la mise à mort de Rushdie, lance en mai 2015 un concours international des meilleures caricatures dénonçant les atrocités commises par l'État islamique[1]. Mais à quel moment une caricature se moque-t-elle du « Dieu de Daech » et non de « Dieu » (tout court) ? Il est difficile de le savoir. La caricature la plus controversée est celle qui provoqua l'assassinat, le 25 septembre 2016, de l'écrivain chrétien jordanien Nader Hattar, devant le tribunal où il devait comparaître pour avoir partagé sur sa page Facebook « Dieu des Dawech [les affidés de Daech] », une caricature jugée blasphématoire. La scène se passe au Paradis. Représenté en vieillard barbu, Dieu lui-même demande à un djihadiste nommé Abu Saleh (étendu sur un lit en compagnie de deux femmes) s'il a besoin de quelque chose. Sur un ton hautain, celui-ci lui demande que Gabriel livre du vin et des noix de cajou, et un domestique pour nettoyer la chambre, lui rappelant de frapper à la porte la prochaine fois avant d'entrer[2]. Hattar a beau retirer la caricature de sa page Facebook et expliquer qu'il se moquait en vérité de l'idée que se font les terroristes des délices du Paradis, il est tué. A-t-il été assassiné pour s'être moqué du Dieu de Daech ou de Dieu (« tout court ») ? Ou bien pour avoir « montré » Dieu ? Ce n'est pas tant l'ambiguïté de la caricature qui est en cause qu'une

Jordanian Cartoonist Jehad Awartani », *Newsweek*, 25 juin 2015 : http://www.newsweek.com/fighting-isis-pen-347335

1. Les résultats de l'International Daesh Cartoon & Caricature Contest 2015 ont été proclamés le 31 mai 2015. Le premier prix a été attribué à un dessin où l'on voit un terroriste en l'air, jeté du haut d'une montgolfière par des hommes vêtus de blanc :

https://cartooncolors.blogspot.com/2015/06/results-daesh-cartoon-caricature-iran.html

2. Voir la caricature et le dialogue entre Dieu et le djihadiste traduit de l'arabe dans l'hebdomadaire *Veille*, n° 19, 2016 : https://www.frstrategie.org/web/documents/programmes/observatoire-du-monde-arabo-musulman-et-du-sahel/veilles/2016/19.pdf

politique du blasphème menée par des États musulmans (y compris la Jordanie) à travers un dispositif juridique liberticide, plombé par le droit islamique médiéval.

5

Un ordre public religieux moderne

L'éclipse du blasphème ?

Nous avons vu que la presse satirique apparaît dans un contexte d'ouverture au monde extérieur, le monde occidental. Après avoir longtemps été convaincus de la supériorité de leur propre système, les gouvernements autocratiques et religieux musulmans sont contraints de concéder à leurs sujets des droits fondamentaux, comme l'ont fait d'autres pays, telle la France, un modèle du genre. Sept textes constitutionnels sont conçus et établis au XIXe siècle et au début du XXe par la Turquie, la Tunisie et l'Iran, qui limitent les pouvoirs des monarchies absolues et accordent des droits à leurs sujets indépendamment de leurs religions[1]. Ils ne contiennent aucune disposition condamnant *expressément* le blasphème *stricto sensu*, à savoir l'insulte au religieux (*sabb*). Cette éclipse sera momentanée, comme nous le verrons plus loin. Nous présentons ici ces textes dans l'ordre chronologique de leur édition.

Le premier acte déclaratoire est le Rescrit de la Maison des roses (1839), solennellement proclamé par le sultan ottoman

---

1. Deux édits de droit turc (1839 et 1858), un édit tunisien (1857), un supplément au droit iranien (1907) ainsi que trois constitutions : tunisienne (1861), turque (1876) et iranienne (1906). L'Égypte n'a pas de déclaration de droits.

Abdelmagid (r. 1839-1861) sur la place Ghulane, en présence du personnel diplomatique attaché à la Sublime Porte. Il accorde « une parfaite sécurité » quant à la vie, l'honneur et la propriété, à tous les sujets « de quelque religion ou secte qu'ils puissent être ». Cela semble peu de chose, comparé aux grandes déclarations universelles instituées ailleurs, telle la Déclaration des droits de l'homme et du citoyen, en France, mais cet Acte est « l'équivalent d'une nuit du 4 août orientale », écrit Henry Laurens[1]. Il met fin à un ordre traditionnel fondé sur la discrimination religieuse et l'arbitraire politique. Le Rescrit impérial (1856) confirme ces réformes « exigées par le progrès des lumières et du temps ». Il prend l'engagement de fonder le recrutement des agents publics sur « la capacité et le mérite ». Il assure à chaque culte « la pleine liberté de son exercice » et exclut toute contrainte à changer de religion. Ainsi, le protégé ne peut plus être mis à mort pour blasphème ni pour apostasie quand il revient à sa foi d'origine. Les puissances européennes ne sont pas étrangères à l'octroi de ces droits. À la suite à l'exécution d'un jeune Arménien converti qui a de nouveau abjuré l'islam avant sa mort, comme c'est souvent le cas dans les procès pour apostasie, elles ont pesé de tout leur poids pour arracher au sultan un engagement écrit « de prendre des mesures effectives pour empêcher dorénavant la persécution et la mise à mort d'un chrétien apostat ». Cette exécution de 1843 fut la dernière[2].

En Tunisie, c'est un blasphème qui déclenche en 1857 l'ère des réformes. En effet, Samuel Sfez, plus connu sous le sobriquet de Batou Sfez, cocher juif et sujet du Bey de Tunis,

---

1. Henry Laurens, « Judaïsme et communauté confessionnelle au Proche-Orient », *in* Abdelwahab Meddeb et Benjamin Stora, *Histoire des relations entre juifs et musulmans, des origines à nos jours*, Paris, Albin Michel, 2013, p. 273.

2. Selim Deringil, *Conversion and Apostasy in the Late Ottoman Empire*, New York, Cambridge University Press, 2012, p. 69-70.

renverse un enfant musulman. Alors qu'il est en état d'ébriété et que la foule l'assaille, il insulte le Bey et maudit l'islam. Des témoins oculaires confirment les faits devant notaire. Samuel Sfez comparaît alors devant un tribunal religieux formé de magistrats malikites et hanafites, mais présidé par un imam hanafite, le rite officiel du beylicat. Étrangement, l'imam statue selon le droit malikite, qui inflige la peine de mort sans rémission au blasphémateur, au lieu de s'appuyer sur l'école hanafite, qui accepte volontiers le repentir de l'inculpé. Sfez se déjuge, mais il sera quand même condamné à mort. La décision du tribunal est portée à la connaissance du Bey Mhammed Pacha (m. 1859), en villégiature à la station balnéaire de la Marsa. Il en prend acte et ordonne toutes affaires cessantes d'exécuter la sentence. Sfez est décapité le jour même, le 24 juillet1857[1].

Face au Bey inflexible, le consul français Léon Roches est impertinent : « Je connais la loi musulmane, illustre Seigneur, le blasphème est défendu sous peine de mort, et à chaque instant mes oreilles sont blessées par les blasphèmes des musulmans. L'homme ou la femme adultère doivent être lapidés ou noyés, et l'adultère est l'état permanent du tiers de vos sujets, l'ivresse est défendue et il est impossible de faire un pas dans la ville sans rencontrer un musulman ivre[2]. » De quoi rendre superflu tout commentaire sur le décalage entre la sévérité du droit islamique et l'application plutôt souple qui en est faite en terre d'islam. Les chancelleries sont mécontentes. Mis sous pression, le Bey octroie le 9 septembre 1857 le Pacte

1. Voir le compte rendu des faits *in* Ahmed Ibn Dhiaf [m. 1874], *Ithaf* (Chronique des rois de Tunis et du Pacte fondamental), Tunis, MTE, 1990, vol. 4, p. 233-235 ; et Jean Ganiage, *Les Origines du protectorat français en Tunisie (1861-1881)*, Tunis, Berg Éditions, 2015, p. 52-53 (1re édition, Paris, PUF, 1959).

2. Cité *in* Jean Ganiage, *Les Origines du protectorat français en Tunisie (1861-1881)*, *op. cit.*, p. 53.

fondamental (une année après le second édit turc). Les sujets musulmans et les non-musulmans du royaume de Tunis sont déclarés « égaux devant la loi ». Le texte fonde cette égalité sur le droit naturel, « car ce droit appartient naturellement à l'homme, sans nulle autre considération » (article 3).

C'est un argument inédit. Désormais, les Israélites n'auront plus, en Tunisie, à subir de contrainte pour changer de religion, ils ne seront pas empêchés d'exercer leur culte et leurs synagogues seront à l'abri de tout préjudice (article 4). Le Pacte sera traduit en hébreu en 1862 par trois intellectuels juifs. La Tunisie enchaîne par une Constitution en 1861, confirmant les droits des sujets du royaume tunisien « à quelque religion qu'ils appartiennent » (articles 86-89). C'est une première dans le monde islamique. En 1876, le sultan ottoman octroie à son tour à son empire une Constitution proclamant « la liberté individuelle absolument inviolable » (article 10) et l'égalité des droits et des devoirs des Ottomans (article 17). En contrepartie, l'islam est déclaré « la religion de l'État », celui-ci « protège[ant] le libre exercice des cultes », « à condition qu'il ne soit pas porté atteinte à l'ordre public et aux bonnes mœurs » (article 11). Il faut souligner que ces limites ainsi définies appartiennent à la modernité.

Enfin, à la faveur de la révolution (1906) menée par des religieux réformistes iraniens, le shah en exercice promulgue le 7 octobre 1906 une Constitution, surtout consacrée à l'élection d'une Assemblée nationale constituante. Une année après, des principes fondamentaux sont consignés dans un *Supplément* qui accorde notamment les droits individuels à la vie, à l'intégrité physique, à la propriété et à l'honneur (article 9). Tout en faisant de « l'islam selon le rite jaafarite » (rite juridique dominant) la religion de l'État (article 1), ce texte octroie des pouvoirs exorbitants au clergé, chargé de se prononcer sur la conformité des lois aux règles islamiques (article 2), et enjoint aux tribunaux non religieux d'appliquer la loi religieuse (article 71).

Si tous ces textes proclament des droits fondamentaux, ils ne sont pas explicites sur la liberté d'opinion et de pensée. Ils ne disent rien ou presque de la libre communication des idées ni de la liberté de publication. C'est à peine si la Constitution turque déclare, au chapitre « Droits publics des Ottomans », que la presse est « libre dans les limites de la loi » (article 12). Le dispositif constitutionnel iranien en dit un peu plus, mais sur les limites d'ordre religieux : en 1906, la presse est autorisée à couvrir les travaux de l'Assemblée constituante, à condition qu'elle s'abstienne de toute « offense aux principes fondamentaux du gouvernement de la Nation », fondés sur une religion d'État de rite jaafarite. Et comme pour se prémunir d'une liberté débridée, le *Supplément* stipule (c'est moi qui souligne) que « toutes les publications, *à l'exception des ouvrages hérétiques* [*zalal*] [sans qu'on sache lesquels] *et des supports portant outrage à l'illustre religion*, sont libres et non susceptibles d'être censurées » (article 20).

En fait, la question de l'offense à la religion relève du domaine de la loi. En Iran, le Code de la police[1] (1879) punit toute offense à la religion (article 20) tandis que le Code de la presse (1908) interdit « la publication d'articles subversifs » portant atteinte à la personne du shah et à la religion (articles 32 et 33). En Égypte, le décret-loi sur les publications de 1881 autorise la confiscation et la suspension de toute publication ou « support pictural ou d'illustration » portant atteinte à l'ordre public, aux normes de la décence et à la religion (articles 10 et 13). On remarque que la religion, qui se confondait à l'âge médiéval avec le lien social, a désormais un domaine assigné, mais si ample qu'il résiste à

1. Plus connu sous le nom de « Code Monte Forte », du nom d'un Italien chargé de moderniser les services de police.

la délimitation. Une indication est fournie par le Code pénal ottoman de 1859 qui en donne une définition suffisamment large pour inclure l'insulte (le blasphème *stricto sensu*), comme il ressort de la liste des « crimes contre la religion » : outrage aux sentiments, aux sensibilités et aux confessions, entrave au culte, détérioration des édifices, publication et distribution d'imprimés et de « figures et d'images obscènes », contraires aux bonnes mœurs (articles 132, 133 et 139). La révolution turque contre le régime autoritaire du sultan ottoman Abdulhamid II (1876-1909) ne laïcise pas le nouveau Code de la presse (1909) qui criminalise « toute offense ou falsification des religions ou obédiences religieuses », à moins qu'il ne s'agisse d'exprimer un point de vue à caractère scientifique (article 16)[1]. Dans les faits, le Comité Union et Progrès (CUP), parti nationaliste au pouvoir, instaure la terreur. Au moins un journaliste critique, Hassen Fahmi, éditeur de *Serbesti* (*Liberté*), sera assassiné dans des conditions mystérieuses le 5 avril 1909. C'est la défaite militaire contre l'Italie (1911) qui libérera la critique antireligieuse : même le prophète de l'islam est brocardé par le journal *Ijtihad* dans une série d'articles au titre sacrilège : « Muhammad était-il épileptique[2] ? »

La part des États

Le XXe siècle est le siècle des États-nations. Par vagues successives, des années 1920 aux années 1970, ils s'affranchissent

1. Nous nous appuyons sur Ipek K. Yosmaoğlu, « Chasing the Printed Word : Press Censorship in the Ottoman Empire, 1876-1913 », *The Turkish Studies Association Journal*, vol. 27, n° 1-2, 2003, p. 15-49, *loc. cit.*, p. 18.

2. Ahmed Emin, *The Development of Modern Turkey as Measured by Its Press*, New York, Columbia University Press, 1913, p. 110. Le titre de l'article se réfère à l'état de transe qui s'empare de Muhammad lors de la révélation.

de la tutelle de l'Empire ottoman ou s'émancipent du colonialisme. On s'attendait à ce que l'*éclipse* du blasphème se transforme en un *droit* au blasphème. Malheureusement le dispositif juridique des États est alourdi par de nombreuses dispositions condamnant les atteintes à la religion, blasphème compris. Pour ne pas se perdre dans des considérations générales sur le rapport de ces États à l'islam et à la charia, nous nous concentrons sur la place du blasphème dans la législation des pays arabes et islamiques (d'Asie au Maghreb en passant par le Moyen-Orient). C'est paradoxalement la Turquie laïque (depuis 1924), débarrassée de la charge de l'empire, qui annonce la régression globale à venir. En effet, les codes (pénal de 1859 et de presse en 1909) interdisaient les « crimes contre la religion », sans mentionner explicitement l'insulte. Or le nouveau Code pénal du 1er mars 1926 se réfère explicitement au blasphème au sens strict, l'insulte telle que l'entendaient les jurisconsultes à l'âge médiéval : « Quiconque insulte Dieu, l'une des religions (*din*), l'un des prophètes, l'un des livres sacrés ou l'une des confessions, ou bien vilipende ou outrage une personne en raison de ses croyances, du fait de sa pratique des obligations religieuses ou de son observation des interdits religieux », encourt une peine d'emprisonnement et une amende (article 175)[1]. Autant dire qu'en matière de blasphème, les distinctions entre régimes laïcs et régimes conservateurs, et entre régimes autoritaires et démocratiques sont peu pertinentes et utiles. À la suite de la Turquie, les États arabes et musulmans indépendants verrouillent les uns après les autres la critique contre la religion par trois séries de dispositions, dans des termes et des degrés certes divers. La première condamne l'offense à la religion en général, même si elle peut englober l'insulte au Prophète et l'apostasie. Les

---

1. Voir le rapport du Sénat français intitulé *Législation comparée, la répression du blasphème* : https://www.senat.fr/lc/lc262/lc262.pdf

deux autres séries de dispositions renforcent l'interdiction de l'offense soit par la criminalisation de l'insulte au(x) prophète(s) soit par l'apostasie, ou bien par les deux à la fois. Au-delà du blasphème *stricto sensu*, se met donc en place un ordre public religieux.

Protéger la religion

Sur près de vingt-cinq pays, trois pays arabes (Liban, Syrie, Tunisie) et trois pays musulmans (Bangladesh, Malaisie, Turquie) s'en tiennent à une interdiction de portée générale : l'offense à la religion est sanctionnée par une peine privative de liberté, éventuellement assortie d'une amende[1]. Mais il ne faut pas se laisser abuser par cet apparent « libéralisme », car ces mêmes États poursuivent l'offense de la religion (y compris le blasphème).

L'Égypte est un cas limite. Son Code pénal (1937) encore en vigueur aujourd'hui ne punit que les opinions émises en vue de « [...] rabaisser ou dénigrer l'une des religions monothéistes ou l'une de ses communautés constitutives » (article 98f). Le blasphème n'est pas mentionné. Pourtant, cette disposition suscite – nous le verrons – une jurisprudence

1. Au Liban, cela concerne les articles 473 (maudire le nom de Dieu), 474 (mépris des religions) et 317 (incitation au sectarisme religieux) du Code pénal (1943) et le Code de la presse (1994) ; en Syrie : les articles 462 (identique au 474 libanais : mépris des religions), 307 (identique au 317 libanais : incitation au sectarisme religieux) du Code pénal (1949) et l'article 12 du Code de la presse (2011) ; en Tunisie, l'article 226-2 (atteinte aux bonnes mœurs) du Code pénal (1913) et les articles 52 (incitation à la haine entre les religions) et 53 (atteinte à un rite religieux) du Code de la presse (2011). Au Bangladesh, cela concerne les articles 295-A et 298 (offense aux sentiments religieux et crimes similaires) du Code pénal (1860) ; la Malaisie adopte la même numérotation et le contenu des articles 295 et 298 (offense aux sentiments religieux et crimes similaires) dans son Code pénal (1936, amendé en 1997) ; en Turquie, l'article 216 du Code pénal (2004).

abondante, alimentée par une surenchère opposant le clergé d'al-Azhar aux islamistes.

Quant à l'Indonésie, c'est un cas complexe. Le pays fonde l'ordre constitutionnel sur « cinq principes » (*pancasila*) (dont la croyance en une divinité) et reconnaît officiellement six religions, considérées comme divines[1]. Sa Constitution (1945) garantit la liberté d'expression et de conscience (article 23) et son Code pénal (1952) punit toute expression d'hostilité envers une religion divine (articles 156-157). Le président Sukarno opère un tournant en 1965 : il prend un décret criminalisant le blasphème. Son successeur Suharto fait voter en 1969 la « loi sur le blasphème », incorporant ledit décret dans le Code pénal[2]. Le texte retient deux sortes d'infractions à caractère religieux : la « déviation » – un euphémisme pour dire « hérésie » (article 1) et la profanation du nom de Dieu (article 4). La « loi sur le blasphème » est déclarée constitutionnelle par la Cour suprême en 2010.

Encore l'injure faite au Prophète

La seconde série de dispositions concerne de nombreux pays qui interdisent, en plus de l'outrage à la religion, l'insulte à Muhammad, qui était punissable à l'âge médiéval de la peine de mort. Trois pays s'y tiennent encore aujourd'hui : l'Arabie Saoudite, l'Iran et le Pakistan. L'Arabie Saoudite, immanquablement, puisque la charia y est une norme supérieure à la Charte fondamentale (article 8 de la Charte, 1992).

1. Les six religions sont l'islam, le catholicisme, le protestantisme, le bouddhisme, l'hindouisme et le confucianisme. En 1952, le ministère des Affaires religieuses définit la religion comme « toute croyance ayant un prophète, des Écritures et reconnue internationalement » : *Proscuting Beliefs, Indonesia's Blasphemy Law*, Amnesty International, 2014, https://www.amnestyusa.org/files/_index-_asa_210182014.pdf

2. Le décret de Sukarno n° 1/PNPS de 1965 devient l'article 156-a du Code pénal amendé.

L'Iran des mollahs prévoit pour sa part la peine de mort pour quiconque offense les « choses sacrées de l'islam », le « grand prophète de l'islam », les prophètes, les douze imams et Fatima, la fille « vénérée » du Prophète. Une peine de prison est également prévue pour celui qui insulte l'ayatollah Khomeyni[1]. Le Pakistan opère un tournant juridique dans les années 1990, sous le gouvernement de Muhammad Zia-ul-Haq (r. 1978-1988), qui pensait asseoir son pouvoir en islamisant la société. Le général apporte une série d'amendements au Code pénal de l'Inde applicable aux musulmans (1860)[2], en condamnant à mort ou à perpétuité quiconque « souille le nom sacré du saint Prophète Muhammad » et à perpétuité celui qui « souille, endommage ou profane » le Coran[3].

Par ailleurs, quatre États infligent une peine d'emprisonnement à celui qui insulte le(s) prophète(s) : tandis que le Qatar punit quiconque bafoue « l'être de Dieu », « offense la religion islamique » et dénigre « l'un des prophètes » par quelque moyen que ce soit, y compris la satire[4], Oman condamne « le blasphème contre Dieu et les grands prophètes » et le dénigrement public par « voie de presse ou image » des religions révélées[5]. De leur côté, la Jordanie interdit de « vilipender les messagers parmi les prophètes » (Moïse, Jésus et

1. Les articles 513 (à propos des valeurs sacrées) et 514 (relatif à Khomeyni) du Code pénal (1981) sont maintenus dans le nouveau code (2012) qui consacre un chapitre à l'insulte du Prophète (articles 262-263), en plus de l'article 6 du Code de la presse (1987).

2. Le Code pénal de l'empire des Indes de 1860 a été maintenu en vigueur après leur indépendance par le Pakistan et le Bangladesh. La Tunisie a conservé son Code pénal (colonial) de 1913.

3. Il s'agit des articles 295-C (amendement 1986 : avilissement du Prophète), 295-B (amendement 1982 : profaner le Coran).

4. Dans le Code pénal (2004), il s'agit des articles 256, 259 et 261, et, dans la loi sur l'édition et les publications (1979), de l'article 47.

5. Décret royal 7-1974 et article 209 du Code pénal, 1974.

Muhammad), et l'Algérie prohibe « l'insulte au Prophète et aux messagers de Dieu[1] ».

Qu'en est-il des pays qui ne mentionnent pas explicitement le prophète de l'islam ? La sanction peut être déduite de l'interdiction de l'outrage à la religion en général. C'est encore plus vrai des nombreux pays qui se réfèrent aux *hududs*, aux « limites » (c'est-à-dire, en réalité, à la transgression des limites), à savoir les infractions punissables par des châtiments corporels. La liste des pays pratiquant ces derniers est longue, qu'on en juge : Afghanistan, Émirats arabes unis, Yémen, Soudan, Koweït, Oman, Bahreïn, Irak, Libye[2]… Autant conclure que *de facto*, l'insulte à Muhammad est punie d'une manière ou d'une autre dans tous les systèmes juridiques musulmans.

La hantise du reniement

Une troisième série de dispositions sanctionne l'apostasie, un crime ne relevant pas à proprement parler du blasphème. Selon une jurisprudence médiévale constante, le blasphémateur musulman était assimilé à un apostat, et à ce titre il était puni de mort, comme nous l'avons vu. Or, le droit positif

1. Pour la Jordanie, il s'agit de l'article 273 du Code pénal (1960) ; pour l'Algérie, de l'article 144 bis 2 du Code pénal (1966 amendé).

2. Afghanistan : article 1 du Code pénal de 1976 (recours aux châtiments corporels) ; les Émirats arabes unis : article 312 (offense en général) et premier (les châtiments corporels) du Code pénal (1987 amendé) ; le Yémen : les articles 11 et 12 (liste des châtiments corporels) et 194 et 195 (tourner en dérision la religion) du Code pénal (1994 amendé) ; le Soudan : les articles 2 (châtiments corporels), 125 (40 coups de fouet pour l'offense) et 153-2 (60 coups de fouet pour l'œuvre artistique contraire aux bonnes mœurs) du Code pénal (1991) ; le Koweït : les articles 111 (dénigrer une religion) et 112 (altérer un livre sacré) du Code pénal (1960) ; Oman : l'article 209 du Code pénal (1974) ; le Bahreïn : les articles 309 et 310 du Code pénal (1976) ; l'Irak : l'article 372-5 (insulte à une personne ou symbole sanctifiés par une minorité) du Code pénal (1969) ; la Libye : l'article 291 (offense à la religion de Muhammad) du Code pénal (1953).

moderne refait de l'apostasie un crime. Quels sont les pays concernés ? Le Soudan, la Mauritanie et le Yémen se prononcent expressément pour la peine de mort de l'apostat[1]. En Iran, la législation inflige même aux propos « qualifiés d'apostasie » la « peine prévue », la peine de mort[2]. Il en va de même du Qatar, qui inclut l'apostasie dans les « limites » (les infractions punies de châtiments corporels) énumérées par le Code pénal[3]. En l'espèce, le châtiment prévu par le droit islamique est la peine capitale. On s'étonne de voir le Maroc (qui ne se prononce pas sur l'insulte au Prophète) punir d'emprisonnement « quiconque emploie des moyens de séduction dans le but d'ébranler la foi d'un musulman ou de le convertir à une autre religion » (article 220 du Code pénal, 2015). On le voit, la triple criminalisation de l'offense à la religion, de l'insulte faite au Prophète et de l'apostasie ou de l'incitation (supposée) à l'apostasie est loin d'être l'apanage des États désespérément rétrogrades. La jurisprudence confirme qu'en persécutant les blasphémateurs et assimilés, les États musulmans se trouvent *volens nolens* d'accord avec les islamistes sur le fond, même s'ils sont fondamentalement en désaccord sur le mode opératoire : s'acharner à poursuivre le blasphémateur en justice pour les uns, l'exécuter froidement pour les autres.

---

1. Au Soudan, il s'agit de l'article 126 du Code pénal (1991) ; en Mauritanie, de l'article 306 du Code pénal (1983) ; au Yémen, des articles 12 (apostasie faisant partie de la liste des droits de Dieu), 259 (peine de mort), 47 (le crime d'apostasie tombe après repentance), 48 (le droit de remiser le châtiment par le président de la République) du Code pénal (1994 amendé).

2. Cela concerne l'article 26 (apostasie) de la loi sur la presse (1986) ; les articles 220 du Code pénal et 289 du Code de procédure pénale demandent le recours à la charia. Voir Mohammad H. Nayyeri, « New Islamic Penal Code of the Islamic Republic of Iran : An Overview », *Human Rights in Iran Unit : Legal Research Series*, Colchester, University of Essex, mars 2012, p. 18.

3. Les « limites » d'après l'article 1-1 du Code pénal qatari sont le vol, la rébellion, les rapports sexuels illicites, la diffamation des femmes chastes, la consommation de boissons fermentées et l'apostasie.

Justice céleste, justice terrestre

On a tort de penser que les lois condamnant le blasphème sont purement symboliques. Pour s'en convaincre, il suffit de se référer aux données chiffrées, accablantes : les pays islamiques détiennent en effet le record absolu des poursuites judiciaires pour blasphème. À titre indicatif, plus de 100 procès ont été répertoriés en 2012 dans les pays musulmans[1]. En 2017, neuf des dix pays les plus répressifs sont musulmans et en 2019, ils sont quatre sur cinq[2]. Le plus grave est l'extension démesurée de la notion de blasphème, instrumentalisée pour poursuivre aveuglément l'outrage à la religion, l'apostasie, l'athéisme, l'appartenance à une autre religion que l'islam, la dissidence sectaire et la libre expression d'une opinion[3]. Il n'existe malheureusement aucun inventaire exhaustif des procès en blasphème, mais des éléments à notre disposition, on peut déduire que trois acteurs sont en compétition : le magistrat (représentant de l'État), l'ouléma officiel et le djihadiste. L'enjeu ? Juger selon la loi des hommes ou celle de Dieu dans des procès où le blasphème n'est plus l'insulte au sens restrictif, mais, au sens large, toute atteinte à la religion.

---

1. http://www.humanrightsfirst.org/wp-content/uploads/Blasphemy_Cases.pdf

2. En 2017, les cinq premiers les plus répressifs sont l'Iran, le Pakistan, le Yémen, la Somalie et le Qatar. L'Italie est le seul pays occidental à faire partie des dix les plus répressifs. N. B. : le seul pays islamique parmi les dix ayant le meilleur score est la Tunisie (classée dixième) : https://www.uscirf.gov/reports-briefs/special-reports/respecting-rights-measuring-the-world-s-blasphemy-laws. En 2019 parmi les cinq pays les plus répressifs on trouve Brunei, la Mauritanie, l'Iran et l'Indonésie : https://fot.humanists.international/download-the-report/

3. À titre indicatif, voir *Selected Blasphemy Cases*, rapport de l'United States Commission on International Religious Freedom (USCIRF), 2017.

Une jurisprudence fluctuante

Le premier grand procès du XXe siècle a eu lieu en Tunisie en 1904. L'inculpé, Abdelaziz Thâalbi (m. 1944), un jeune intellectuel révolté, est accusé par les oulémas de blasphème, plus précisément d'« observations irrévérencieuses » envers le Coran qu'il trouve « inadapté aux temps présents ». Il allait être déféré devant le tribunal religieux, qui l'aurait soumis au sort de Batou Sfez, le cocher juif exécuté pour blasphème en 1857, quand les autorités administratives coloniales ont estimé plus sage de transférer l'affaire à une juridiction de simple police. Le procès « est un bout de Moyen Âge à l'aube du XXe siècle », écrit Chokri Mabkhout[1]. Thâalbi comparaît en état d'arrestation, alors que les oulémas, outrés, excitent la population. Deux manifestations arpentent les souks de Tunis. Au tribunal, l'inculpé est défendu par deux avocats, un Français et un Tunisien de confession israélite, César Benattar, avec lequel il signe deux mois après sa sortie de prison *L'Esprit libéral du Coran* (1905), l'un des premiers manifestes sur la liberté en islam[2]. En 1920, il deviendra le leader du mouvement national tunisien.

Mais c'est en Égypte qu'ont eu lieu dans les années 1930 deux procès qui feront date. La rivalité y est sans précédent entre les hommes des Lumières et le clergé. La Constitution d'alors (1923) garantit certes les libertés de croyance, d'opinion et d'expression (articles 12-15), mais le Code pénal punit jusqu'à cinq ans de prison quiconque « rabaisse ou dénigre l'une des religions monothéistes » (article 98f, encore en vigueur en 2023). La première affaire consacre,

1. Chokri Mabkhout, *Tarikh al-takfir fi Tounes* (Histoire de l'accusation d'impiété en Tunisie), Tunis, Miskiliani, 2018, vol. 1, p. 62.

2. César Benattar, El Hadi Sebaï et Abdelaziz Ettéalbi [transcription de Thâalbi], *L'Esprit libéral du Coran*, Paris, Ernest Leroux, 1905.

en 1925, l'alliance historique entre les autorités politiques et religieuses. Enseignant à l'université al-Azhar mais savant éclairé, Ali Abderrazak a, dans son essai novateur, *L'Islam et les fondements du pouvoir*[1] (1925) contesté la mission politique de Muhammad. Il s'agit d'une opinion, et non d'un blasphème, mais le Conseil des grands oulémas s'autosaisit de l'affaire, décide d'exclure l'essayiste du collège des oulémas et le déclare inéligible à tout emploi religieux ou civil. Les pouvoirs publics en prennent acte sans protester.

C'est encore à l'initiative du Conseil des grands oulémas d'al-Azhar qu'un procès a été intenté l'année suivante contre Taha Hussein, indiscutablement l'intellectuel le plus brillant de sa génération, accusé de « proférer des mensonges à propos du Coran, [de] dénigrer le Prophète et sa noble ascendance » en des termes qu'aucun « polythéiste et impie » n'a jamais proférés. Il avait, dans *De la poésie préislamique* (1926) réédité après le scandale sous le titre *De la littérature préislamique* (1927), déconstruit la généalogie prophétique de Muhammad en l'assimilant à un récit mythique, et douté de l'authenticité de la poésie arabe préislamique, réarrangée à la lumière du Coran. À la grande déception des oulémas, la Cour de justice décide qu'il n'y a pas d'*outrage* (en français dans le texte) à la religion, et elle ne mentionne pas l'insulte au prophète de l'islam. Taha Hussein consent cependant à apporter des modifications à son livre, réédité l'année d'après[2].

Ces deux affaires ont eu lieu dans une Égypte relativement libérale, une monarchie constitutionnelle. Mais l'autorité d'al-Azhar est restée intacte après le coup d'État nassérien (1952), et c'est toujours à l'initiative de la Direction de la

1. Ali Abderrazak, *L'Islam et les fondements du pouvoir*, *op. cit.*

2. Voir la comparaison des deux versions : Dominique et Marie-Thérèse Urvoy, *Enquête sur le miracle coranique*, Paris, Cerf, 2018, p. 170-174.

recherche et des publications d'al-Azhar que le philosophe Louis ʻAwad (m. 1990) est traduit en justice en 1983 pour avoir apparié la révélation coranique au Logos chrétien. Son livre, *Introduction à la philologie arabe* (1981) sera retiré de la vente.

Les justiciers islamistes

Troisième acteur à entrer pleinement dans le jeu juridictionnel en Égypte, l'islamisme. C'est ainsi qu'un collectif d'avocats islamistes intente en 1994 un procès à Nasr Hamid Abu Zayd, en vertu de « la commanderie du bien et [de] la prohibition du mal », autorisant tout un chacun parmi les musulmans à s'improviser redresseur de torts et d'ester en justice (*hisba*). Ordonner ce qui est convenable et interdire ce qui est blâmable (3 : 104) est en principe un devoir collectif éthico-religieux incombant à la communauté islamique en son ensemble, à la différence d'un devoir personnel (les cinq obligations rituelles, dites « piliers de l'islam »). Nul n'est en devoir d'ordonner le bien et d'interdire le mal, pour peu que d'autres musulmans s'en acquittent. Or, les requérants islamistes s'estiment en devoir d'engager des poursuites contre Abu Zayd sur la base de la *hisba*. Ce faisant, ils contournent une règle du droit positif selon laquelle le plaignant doit avoir intérêt au procès : « pas d'intérêt, pas d'action ». En mai 1992, l'universitaire se voit refuser le grade de professeur au motif que ses écrits sont « hérétiques ». Le conseil de l'université entérine, le 18 mars 1993, la décision du jury, avant que l'affaire ne soit médiatisée. La requête est alors portée devant le tribunal de première instance, chargé des contentieux relatifs au statut personnel. Les accusateurs demandent au juge de dissoudre le mariage d'Abu Zayd au motif que ses écrits sur l'islam en font un renégat. Est en effet, d'après le droit musulman, nul de nullité absolue le mariage d'une musulmane avec un non-musulman. Le tribunal cède, et l'universitaire mourra en exil (en 2010)[1].

La complicité entre le clergé et l'islamisme provoque aussi l'assassinat de l'intellectuel laïc Farag Fouda, exécuté en 1992 par des extrémistes du mouvement Gamaat Islamiyya, après une fatwa en impiété décrétée en 1986 par Omar Abderrahmane, leur chef mort en prison aux États-Unis (2017). Une autre fatwa, des oulémas d'al-Azhar celle-ci, en avait fait un apostat, une semaine avant que des assaillants ne le criblent de balles à la sortie de son bureau. Convoqué à la barre, le cheikh crypto-islamiste Mohamed Ghazali affirme qu'il est licite, en vertu de la *hisba*, qu'un volontaire se substitue aux pouvoirs publics défaillants pour exécuter une sentence. L'assassinat de Fouda est « peut-être l'exemple le plus clair de la "division de travail" » entre l'université al-Azhar et l'islam radical[2]. L'un des assassins sera libéré par Morsi en 2012, avant de rejoindre Daech et de mourir en Syrie les armes à la main[3].

Au Soudan, Mahmoud Mohamed Taha est condamné à mort en 1985, à l'instigation de Hassen Tourabi (m. 2016), le leader des islamistes rallié aux militaires dirigés par Jaafar Nimeyri (m. 2009). L'intellectuel se prévalait d'une interprétation audacieuse du Coran, tendant à rejeter des prescriptions légales au profit des principes de tolérance universelle qui sont, selon lui, à la base du Coran. Écrit en 1967, son livre *Le Second Message du Coran*, est jugé hérétique en 1972 par la Direction des recherches islamiques du Caire. L'affaire rebondit plusieurs années plus tard : arrêté en 1985 pour

1. Maurits S. Berger, « Apostasy and Public Policy in Contemporary Egypt : An Evaluation of Recent Cases from Egypt's Highest Courts », *Human Rights Quarterly*, vol. 25, n° 3, août 2003, p. 720-740.

2. Tamir Mustafa, « Conflicting and Cooperation Between the State and Religious Institutions in Contemporary Egypt », *The International Journal of Middle East Studies*, vol. 32, 2000, p. 21, note 64.

3. https://www.alarabiya.net/ar/arab-and-world/egypt/2017/03/22/

distribution de tracts appelant à l'abolition de la charia, il est jugé pour apostasie mais refuse, contrairement à quatre de ses disciples, de se repentir, comme l'exige le droit islamique. Il est exécuté devant une foule qui crie *Allah Akhbar !*.

Au Pakistan, l'affaire d'Asia Bibi provoque deux assassinats. La prévenue est condamnée à la peine capitale en 2010, mais acquittée en 2019 en cassation par la Cour suprême à la faveur d'une campagne internationale. Bibi n'est pas une intellectuelle, mais une ouvrière agricole de confession chrétienne ; elle aurait tenu des propos jugés blasphématoires lors d'une altercation avec des journalières musulmanes. L'affaire prend une tournure dramatique quand deux de ses défenseurs, le gouverneur de la province du Pendjab et le ministre chrétien en charge du Département des minorités religieuses, sont assassinés, en janvier et en mars 2011. L'assassin du gouverneur se rend à la police et déclare : « Je suis un esclave du Prophète et la punition pour ceux qui commettent un blasphème est la mort. » L'enseignement est clair : mécontents de la justice terrestre, les djihadistes exécutent eux-mêmes la sentence céleste, et il leur arrive aussi d'anticiper sur le verdict.

C'est ce qu'ils font avec le Jordanien Nahed Hattar, assassiné le 25 septembre 2016 devant le Palais de justice d'Amman avant même qu'il comparaisse, pour avoir partagé – comme nous l'avons vu – sur son compte Facebook une caricature moquant le « Dieu des Dawaech » (les adeptes du groupe État islamique).

Il arrive que les assassins ne soient pas traduits en justice. Le sont-ils que le verdict est toujours en deçà de la gravité du forfait. Sortis de prisons, ils sont applaudis en héros ; morts, ils sont célébrés en martyrs. Mais on aurait tort de penser que le jeu de ces alliances entre criminels et tribunaux soit réservé aux États autoritaires. Dans la Tunisie postautoritaire, le 26 juin 2011, des protestations salafistes interrompent la séance de présentation du documentaire *Ni Allah ni maître !* de la cinéaste franco-tunisienne Nadia al-Fani (ou Nadia El Fani) sur le vécu de la laïcité en Tunisie. Et quatre procès montrent que la démocratie ne banalise pas nécessairement le blasphème. Le premier est intenté contre Nessma, une chaîne de télévision qui avait diffusé en octobre 2011, en dialecte tunisien, le film d'animation franco-iranien *Persepolis* où la petite Marjane voit en songe Dieu lui reprocher tendrement de vouloir se venger d'un partisan du shah. Une violence iconoclaste contagieuse se canalise sur la proie émissaire, le propriétaire de la chaîne, assailli à son domicile. Le second procès concerne deux jeunes qui écopent le 26 juin 2012 chacun de sept ans et six mois de prison, et d'une amende. La pièce à conviction : la diffusion sur les réseaux sociaux d'un essai écrit par l'un d'eux, *L'Illusion de l'islam*, émaillé de trois caricatures de Muhammad dont l'une empruntée aux caricatures danoises (« L'homme à la bombe »). Le procès-verbal parle d'un écrit qui « doute de l'existence de Dieu, doute de l'existence d'une religion nommée islam, doute de l'existence du prophète Muhammad, avec justificatifs du doute selon l'auteur ».

Le troisième procès concerne Emna Chargui, une jeune blogueuse condamnée en juillet 2020 – après la révolution – à six mois de prison pour « incitation à la haine entre les religions », « outrage » à un rite (Code tunisien de la presse, 2011) et atteinte au « sacré » (article 6 de la Constitution, 2014). Une condamnation qui lui a valu des menaces de mort et de viol. À l'origine de toute cette agitation, il y avait un post sur Facebook, partagé par la jeune fille : la « sourate Corona », une imitation du style court des versets mecquois et de l'iconographie du Coran, dont le contenu n'avait toutefois rien de blasphématoire : il incitait au contraire les gens à prendre les mesures sanitaires indispensables dans le contexte du covid. Ainsi, même *imiter* l'écriture coranique est un blasphème.

Enfin, début 2019, s'est tenu un autre procès à l'encontre de l'avocat Mounir Baatour, président d'une association

LGBT, à la suite d'un post sur Facebook intitulé « Les non-dits de l'islam », accusant Muhammad d'avoir ordonné des meurtres et d'avoir mené une vie sexuelle débridée. Les charges ont été considérées d'une gravité telle que l'affaire a été confiée au procureur chargé de l'antiterrorisme, qui a effectivement poursuivi le prévenu pour « infraction terroriste[1] ». L'avocat a quitté le pays, avant d'être condamné en octobre 2021 par contumace à une année de prison.

Deux modèles d'interprétation

Au cœur de la jurisprudence, on discerne un conflit entre deux modèles d'interprétation. Le premier se fonde sur l'idée que la liberté religieuse a pour raison d'être de protéger la foi (mais non l'impiété), la religion communautaire (et non la religion civile) et l'orthodoxie (et non les hérésies). Par voie de conséquence, tout désaveu de la religion est une atteinte à la liberté religieuse ! C'est l'interprétation que donne le tribunal lors du procès susmentionné du philosophe Louis 'Awad, à propos de sa docte *Introduction à la philologie arabe* : « La liberté de pensée n'est pas la liberté de tourner en dérision et de mépriser les religions. » La Cour constitutionnelle en Indonésie abonde en ce sens. Saisie en 2009 par un collectif de droits humains lui demandant son avis sur la constitutionalité du décret de 1965 (« La loi sur le blasphème ») susmentionné, la Cour déclare : « Les principes de l'État de droit de l'Indonésie n'ont pas à être nécessairement les mêmes que les principes de l'État de droit sous le *Rechtsstaat* [État de droit][2]. » Et poursuit : « L'Indonésie ne doit pas autoriser [...]

1. L'incitation à « l'animosité entre les religions » compte parmi les infractions terroristes (article 14 de la loi 2015).

2. Dans la tradition germanique, le *Rechtsstaat* se réfère à l'État qui obéit au droit, par opposition au *Machtstaat*, « État de la puissance publique », qui énonce le droit sans s'y soumettre.

la liberté de s'affranchir de la religion, la liberté de mener des compagnes antireligieuses et ne doit pas autoriser le blasphème religieux, [d']insulter ou [de] diffamer les enseignements des livres saints ou d'outrager le nom de Dieu[1]. »

Contre ce premier modèle, dominant, le second est universaliste. C'est ce que décide la justice égyptienne dans le procès d'Adel Imam, comédien humoriste poursuivi par des islamistes – enhardis par le gouvernement Morsi –, en 2012, pour « mépris » de la religion et dérision des hommes de religion. Dans sa pièce de théâtre *Le Zaïm* (*Le leader*), Adel Imam détourne la psalmodie des noms divins et se moque du Seigneur. Le 26 avril, le juge ordonne un non-lieu sur la base d'une interprétation libérale de l'article 98f du Code pénal (la base de tout procès pour blasphème) : le but du législateur n'est pas d'imposer une conviction donnée « car les idées ne peuvent être combattues que par les idées ». Il adosse ce jugement d'une quarantaine de pages au pluralisme foncier de la religion : si Dieu l'avait voulu, il aurait fait des hommes une même communauté (10 : 99). Or, il a tenu à ce que chacun soit responsable de lui-même et ce, en le dotant d'un libre arbitre (5 : 105)[2]. Ces différends sur la conception de la liberté seront interrogés dans notre troisième et dernière partie.

1. Cité par Jo-Anne Prud'homme, rapport pour Freedom House, *Policing Belief : The Impact of Blasphemy Laws on Human Rights*, octobre 2010.

2. Le jugement est publié par la revue *Adab wa Naqd* (*Littérature et Critique*), 2012, p. 31-74.

TROISIÈME PARTIE

De la liberté des classiques et des modernes

6

Réformer l'islam

Les deux libertés

Dans *De la liberté des Anciens comparée à celle des Modernes* (1819), Benjamin Constant oppose deux sortes de liberté, la liberté politique des Anciens et la liberté individuelle des Modernes : la première consiste « à exercer collectivement, mais directement » la souveraineté, tandis que la seconde assure l'intégrité physique et le droit d'exprimer son opinion, de choisir son culte, de disposer de sa propriété, de se réunir avec d'autres individus et d'influer sur la vie politique. Constant creuse la différence à des fins pédagogiques, mais se refuse à sacrifier l'une pour l'autre : c'est le meilleur moyen de les perdre toutes les deux. Si on se laisse tenter par la comparaison, la liberté des Modernes en islam englobe la liberté politique (que l'islam classique ignorait superbement) et la liberté individuelle, qu'il découvre subitement au XIXe siècle. Mais cette opposition schématique ignore les diverses déclinaisons de la liberté religieuse et néglige la fermentation historique de l'idée de liberté, c'est-à-dire ce qui nous préoccupe en premier chef.

Étymologiquement, la liberté (*hurriyya*) désigne en islam classique la condition juridique de « non-esclave », d'après *La Langue des Arabes* d'Ibn Mandhur (m. 1311), le dictionnaire encyclopédique qui fige la langue arabe. L'adjectif *Hurr* désigne également un homme de vertu, honorable ou charitable ; le terme correspond à l'hébreu *hôr*, traduit par *eleutheros* dans la version grecque de la Bible[1]. La philosophie politique reprend cette signification, mais ne parvient pas à l'ancrer dans la culture politique médiévale qui ignore la citoyenneté (les droits sont attribués en fonction de la foi et non attachés à l'appartenance à la vie dans la cité, la *polis*). Le citoyen (*muwatin*) est celui qui réside dans une ville ou habite dans une contrée. Et quand Farabi (m. 950), écrit son traité *Idées des habitants de la cité vertueuse*, inspiré de *La République* de Platon, il désigne les citoyens par *ahl* (« habitants » ou « résidents »), sans plus. La théologie, pour sa part, dispose de son propre lexique pour rendre compte du libre arbitre, qu'elle définit comme la faculté de choisir et d'assumer la responsabilité de ses actes[2]. Enfin, le mysticisme conçoit la liberté comme sujétion volontaire à Dieu[3]. La liberté a ainsi au moins quatre significations, relevant de savoirs contigus : juridique (la condition de non-esclave), théologique (le libre arbitre), philosophique (une vertu civile) et mystique (une servitude volontaire). L'islam médiéval connaissait même une pensée libre, critique à l'égard de la religion instituée. Mais cet islam du Moyen Âge était aussi un ordre politico-religieux hiérarchisé, qui faisait fond sur quatre inégalités primordiales (entre croyants et impies, entre libres et esclaves, entre musulmans et « gens du Livre », entre femmes et hommes).

---

1. Franz Rosenthal, *The Muslim Concept of Freedom, Prior to the Nineteenth Century*, Leyde, Brill, 1960, p. 9, note 23.

2. Les termes qui traduisent la notion de libre arbitre sont les suivants : *irada* (« volonté »), *ikhtiyar* (« libre choix »), *istita'a* (« capacité ») et *qodra* (« pouvoir »).

3. Franz Rosenthal, *The Muslim Concept of Freedom, Prior to the Nineteenth Century*, *op. cit.*, p. 148 *sqq.*

Au XIXe siècle, la liberté acquiert une nouvelle signification dans les pays musulmans – celle-là même dont parle Benjamin Constant – en rapport avec les droits individuels de tous, sans discriminations. La première *Encyclopédie arabe* (1877) de Botros al-Bostani s'en fait l'écho[1]. Dans la notice intitulée « *Hurriya*, liberté » on peut lire que la liberté est double. « Inhérente » à la volonté, elle est le « libre choix moral entre le bien et le mal ». Al-Bostani est le premier à mentionner la « liberté de conscience » (*hurriyat al-dhamir*). « Sans la liberté, l'homme est en perdition. » Il résume le débat théologique sur le libre arbitre tant pour le christianisme (de la polémique entre saint Augustin et Pélage aux philosophes des Lumières) que pour l'islam (des théologiens aux philosophes). « Extérieure » à la volonté, la liberté se réfère à l'ensemble des droits civils, politiques et d'expression, accordés aux individus. En 1881, Dozy reprend cette définition dans son *Supplément aux dictionnaires arabes*, à l'entrée *Hurr* (« Libre »), en reconnaissant du reste sa dette à l'égard de Botros al-Bostani[2].

La voie de la réforme

Afin de traduire cette nouvelle vision de la liberté dans les faits, deux voies s'opposent, du XIXe siècle à nos jours : d'une part, le modernisme universaliste ou les « Lumières radicales » affranchies de la tutelle de la religion, et, d'autre part, le réformisme ou la réinvention d'une « tradition libérale ». Mais ce n'est pas la première voie qui sera choisie, en dépit de son

1. Botros al-Bostani, *Da'irat al-Ma'arif* (Encyclopédie), vol. 7, Beyrouth, édition al-Ma'arif, 1883, p. 4-6. Botros al-Bostani (m. 1883) s'est arrêté au sixième volume, son fils Salim ayant rédigé le septième (y compris la notice susmentionnée, 1883). Dans un précédent dictionnaire, il s'en tient à l'opposition entre « libre » et « esclave », voir Botros al-Bostani, *Qutr al-Muhit*, Beyrouth, éditeur non mentionné, 1869, vol. 1, lettre « H », p. 383.

2. Reinhart Dozy, *Supplément aux dictionnaires arabes*, Leyde, Brill, 1881, vol. 1, préface et p. 262-263 (pour la définition de *Hurr*).

ancrage dans une tradition savante de la pensée libre[1]. Dès le XIXe siècle, on a plutôt misé sur l'islam réformiste, consistant à « éclairer » les gens, comme si les Lumières n'émanaient que de la religion. Il est vrai que le réformisme correspond mieux à l'*ethos* de l'islam, à la conscience de soi historique des musulmans : le Coran bénit les « réformateurs » (*muslihun*, mot traduit en français par « hommes justes »), auxquels la Terre est donnée en héritage (21 : 105), ainsi que les prophètes qui réforment inlassablement leurs peuples (11 : 88). Deux hadiths donnent à cette tâche une tournure messianique : l'un magnifie la solitude de « ceux qui réforment la corruption de l'Oumma » : ils sont qualifiés d'« étrangers » (*ghuraba*) parmi les leurs ; l'autre annonce que Dieu enverra tous les cent ans un « réformateur » qui renouvelle sa religion.

À la fin du XIXe siècle, les réformateurs se bousculent pour combler le retard pris par l'Oumma par rapport à un Occident qu'ils reconnaissent comme infiniment supérieur dans tous les domaines, sauf en religion. Ultime refuge dans l'adversité, la religion suscite en même temps un mouvement intellectuel décidé à en renouveler l'interprétation, par le retour aux véritables racines de la foi épurées des scories du passé. Ce réformisme s'insurge contre l'argument d'autorité (*taqlid*), les pratiques religieuses maraboutiques (la vénération des saints, les litanies et les emportements extatiques) et le juridisme « figé » d'oulémas ânonnant l'enseignement de leurs maîtres. Il accède directement aux sources scripturaires, telles qu'elles ont été comprises par les *salafs* (« prédécesseurs » ou « devanciers »). En somme, il veut *réformer l'islam par le retour à l'islam*.

Au XIXe, ce courant d'idées est en phase avec un réformisme d'État : la Turquie et la Tunisie comme l'Iran proclament, de 1839 à 1908, dans des édits de droits et des

1. Cf. *supra* chapitre 2.

constitutions, des principes inédits, telles la sécurité des personnes et des biens ainsi que l'égalité devant la loi et ce, indépendamment des confessions, comme nous l'avons vu. Des réformes sont entreprises dans tous les domaines, avec plus ou moins de bonheur. Pourtant, ce réformisme n'est pas parvenu à ses fins : régénérer l'Oumma. Aussi décline-t-il dans les années 1950, au profit des idéologies nationalistes arabes, socialistes et marxistes. C'est l'avènement de l'islamisme radical dans les années 1970 qui le remettra en selle. Pourquoi ? Parce que ce dernier est le seul adversaire à la taille du réformisme ; il est son ennemi intime, parlant le même langage, à même d'opposer le verset au verset et tel hadith à tel autre. En tout cas, c'est ce qu'on a cru dans les années 1970.

Ses adeptes se multiplient, encouragés par un présupposé discutable : l'islamisme radical ne serait qu'une réaction au « laïcisme » autoritaire de l'État postcolonial. Ainsi, ce que le réformisme a gagné en extension, il le perd en compréhension. Désormais, il désigne tout à la fois l'islam libéral, l'islam séculier, l'islam moderne, l'islam progressiste et l'islam spirituel. Et même l'islam conservateur, pour peu qu'il se démarque de l'islamisme radical. Les réformistes du XIXe siècle étaient principalement des oulémas. Désormais, le gros des troupes est formé d'universitaires ou assimilés, nettement moins savants des choses de la religion que leurs devanciers issus des *madrasas*, mais mieux outillés qu'eux intellectuellement. Rompus aux sciences humaines, ils savent qu'un texte fait l'objet d'interprétations infinies, que la modernité est plurielle et la tradition, une construction historique. Mais en même temps, ils sont engagés subjectivement en faveur d'un islam réformé, ce qui ne manque pas de peser dans l'évaluation qui est faite de leurs travaux (« croire » et « savoir » appartiennent à deux ordres différents).

À bien des égards, ils ne forment pas un ensemble homogène. Mais « en face de l'islamisme », ils répondent, écrit

Abdou Filali-Ansary dans *Réformer l'islam ?* à des appels réitérés en faveur d'un islam « plus spirituel et moins politique, plus humain et moins intransigeant, plus "tempéré" et moins "virulent", plus ouvert aux autres et moins violent », en faveur d'un islam « autre »[1]. Ces « nouveaux penseurs » réfléchissent sur l'islam, tout en se définissant comme « croyants, membres de l'Oumma »[2]. Le critère de la foi est retenu par Charles Kurzman, dans son anthologie sur le modernisme (1840-1940), pour le choix de plus d'une cinquantaine de lettrés qui « désirent préserver et raffermir la foi musulmane dans le monde moderne ». Ils sont engagés, dit-il, pour le modernisme. *Liberal Islam*, sa première anthologie, compte parmi les « libéraux » de l'islam des figures controversées, telles que le prédicateur égypto-qatari Youssef Qaradhawi et l'islamiste tunisien, à la tête d'Ennahdha, Rached Ghannouchi. C'est dire la difficulté de nommer le réformisme, par rapport au modernisme et au libéralisme, en islam[3]. Certains inscrivent l'esprit de réforme dans la longue durée. Malek Chebel élabore dans cette perspective le dictionnaire alphabétique des « réformateurs musulmans des origines à nos jours », pour un islam « [qui] n'a jamais cessé de se réformer » et Yadh Ben Achour qualifie l'islam libéral d'« immortel »[4]. Cependant, à lire les résultats de notre enquête historique, la

1. Abdou Filali-Ansary, *Réformer l'islam ? Une introduction aux débats contemporains*, Paris, La Découverte, 2005, p. 265.

2. Rachid Benzine, *Les Nouveaux Penseurs de l'islam*, Paris, Albin Michel, 2004, p. 12.

3. Voir une analyse des courants : Marie-Thérèse Urvoy, *Islam et islamisme. Frères ennemis ou frères siamois ?* Paris, Artège Éditions, 2021, p. 35-44 et p. 137-146 ; Steven Duarte, « Contribution à une typologie des réformismes de l'islam : les critères distinctifs du "réformisme islamique" », *Arabica*, n° 63, 2016, p. 294-323.

4. Malek Chebel, *Changer l'islam. Dictionnaire des réformateurs musulmans des origines à nos jours*, Paris, Albin Michel, 2013 ; Yadh Ben Achour, *L'Islam et la démocratie*, Paris, Gallimard, 2020, p. 151-162.

continuité d'un tel réformisme « à travers les âges » demande à être sérieusement interrogée.

Quelle voie suivre pour les réformes ? Celle du « judaïsme réformé » initié dans le cadre de la *haskala* (« éducation ») par Moses Mendelssohn au XVIIIe siècle : n'admettre aucune vérité qui ne soit « compréhensible par la raison », aucun pouvoir « ecclésial » sur les consciences, aucun « droit de contrainte et droit d'excommunication »[1] ? Ou bien celle du protestantisme, marquée par la *sola scriptura* (« l'Écriture seule ») et l'angoisse des âmes face au salut ? Ou encore une voie propre à l'islam, mais laquelle ? Et que faut-il rénover : la foi ? le dogme ? les cultes ? Ou bien les trois à la fois ?

Ces questions ne sont pas des spéculations. Elles se posent dans le cadre d'une théologie musulmane qui n'a pas aujourd'hui la même portée en Europe et dans les pays à majorité musulmane. En Europe, l'islam réformé dispose aujourd'hui d'une grande marge de liberté au sein de sociétés laïques et démocratiques. Que va-t-il en faire ? Sur ses terres historiques, il aura à relever les défis de la liberté (toutes les libertés pour toutes et tous) et de la séparation entre l'État et la religion. Aura-t-il l'audace d'y souscrire ? Deux orientations raccordent tout de même les deux réformismes d'Europe et des pays à majorité musulmane et les deux générations de réformistes musulmans (du XIXe siècle à nos jours) : une exégèse libérale mais éclectique, et une théologie du libre arbitre dont on exagère la portée, que nous allons approcher successivement dans les deux sections suivantes.

1. Moses Mendelssohn, *Jérusalem ou Pouvoir religieux et judaïsme*, Paris, Gallimard, « Tel », 2007, p. 107-108.

Nulle contrainte en religion

Du XIXe siècle à nos jours, l'exégèse réformiste recourt à trois procédés : elle se prévaut de la lettre du Coran, elle fait parler le « Coran muet » et elle réinterprète des dispositions qui sont avérées dans l'exégèse. Nous présenterons ici la doctrine exégétique en citant les pionniers et leurs œuvres, d'où tout découle.

Selon le premier procédé, le Coran affirme clairement la liberté religieuse. De nombreux versets en attestent, pour peu qu'on les détache du contexte d'énonciation qui relève de l'histoire de la Parole sainte. La première série d'affirmations consacre la liberté religieuse : « Nulle contrainte en religion ! » (2 : 256). « Quiconque le veut, qu'il croie, et quiconque le veut qu'il mécroie » (18 : 29). Et ce verset à l'adresse des infidèles : « Je n'adore pas ce que vous adorez. Et vous n'êtes pas adorateurs de ce que j'adore [...] À vous votre religion, et à moi ma religion » (109 : 2-6). Relativement à la mission de Muhammad, la seconde série en fait un « transmetteur de message » (3 : 20) qui n'a ni à « contraindre les gens à devenir croyants », ni à être « un dominateur sur eux », car « Si ton Seigneur l'avait voulu, tous ceux qui sont sur la terre auraient cru » (10 : 99). La troisième série de versets fait assumer à l'homme ses œuvres, dans une parfaite réciprocité entre lui et le Prophète : « Vous n'êtes pas responsables de ce que je fais et je ne suis pas responsable de ce que vous faites » (10 : 41). Cette exégèse fonde les principes universels du Coran comme établis de manière non équivoque[1]. Elle est initiée par Mohamed Abdoh (m. 1905), qui inspire à son tour Ibn Badis (m. 1940), leader de

1. Mohamed Talbi, *Universalité du Coran*, Arles, Actes Sud, 2002 ; Ghaleb Bencheikh, *Le Coran*, Paris, Eyrolles, p. 170-205.

l'Association des Oulémas musulmans algériens (1931)[1]. Au début du xxe siècle, une plus longue liste de versets sera fournie par al-Kawakibi[2].

Mais que faire quand le Coran n'est pas aussi explicite ? Interpréter le silence comme une libéralité, car si Dieu voulait interdire quoi que ce soit, il ne se serait pas privé de le faire : le « Seigneur n'oublie rien » (19 : 64) et il « n'a rien négligé dans le Livre » (6 : 38). Ce second procédé qui consiste à faire parler le Coran muet a permis de rénover le domaine politique en sabordant le califat, une institution historique mais sans support coranique (aucun verset ne fait de l'islam une théocratie). C'est ce qu'a magistralement démontré Ali Abderrazak dans *L'Islam et les fondements du pouvoir*, à l'origine de sa radiation du corps des oulémas pour « blasphème », comme nous l'avons vu. Le Coran muet comble ses silences par des équivalents sémantiques. Tel est le cas de la *choura* (la « consultation ») qu'on veut rendre équivalente à la « démocratie » à partir de ce verset : « Et consulte-les ! » (3 : 159) est-il ordonné à Muhammad, censé solliciter l'avis de ses compagnons, soit un nombre limité de personnes, sur un fait d'armes alors que la démocratie est le pouvoir de tous. Ce type de prescription a été utilisé par le publiciste turc Nâmik Kemal (m. 1888) pour le titre d'une des livraisons de son journal *Hürriyet Kasidesi* en 1868[3]. Si cette obligation a été ordonnée au Prophète, *a fortiori* s'impose-t-elle à ceux qui viendront après lui, écrit la même année le Premier ministre tunisien Khérédine Pacha (m. 1890) dans son *Essai sur les*

---

1. Pour Mohamed Abdoh, voir Jacques Jomier, *Le Commentaire coranique du Manâr : tendances modernes de l'exégèse coranique en Égypte*, Paris, Maisonneuve & Cie, 1954, coll. « Islam d'hier et d'aujourd'hui » ; et pour Ibn Badis : Ali Merad, *Ibn Badis, commentateur du Coran*, Paris, Geuthner, 1971.

2. Abd al-Rahman al-Kawakibi, *Du despotisme et autres textes*, Arles, Actes Sud, 2016, p. 36-48.

3. *Hürriyet Kasidesi*, n° 4, 20 juillet 1868.

réformes nécessaires aux États musulmans[1]. Au XXe siècle, cette doctrine est bien établie[2].

Le troisième procédé exégétique réformiste est nettement plus complexe. Il consiste à réinterpréter des versets « fermement établis », en principe non susceptibles d'interprétation (3 : 7). Ils sont remis à plat parce que le sens qui leur est attaché est anachronique. C'est ce que Mohamed Charfi (m. 2008) appelle le « malentendu historique » entre islam et liberté[3]. Commençons par la condition d'esclave que l'islam tient pour licite, quoiqu'il « ne véhicule aucun préjugé de race ou de couleur[4] ». Tout au plus le Coran recommande-t-il d'affranchir l'esclave, un acte méritoire, dans cinq cas précis[5]. Comment interdire ce qui est licite ? Réponse : « la législation religieuse a une tendance marquée vers l'extension de la liberté », lit-on dans le décret d'abolition de l'esclavage en Tunisie (23 janvier 1846)[6]. Celle-ci s'est ainsi faite sans heurts dans ce pays et dans la plupart des autres pays

1. Le Général Khérédine (Kheireddine Pacha), *Réformes nécessaires aux États musulmans. Essai formant la première partie de la plus sûre direction pour connaître l'état des nations*, Paris, Paul Dupont, 1868, p. 15.

2. Muhammad Khalafallah, *Al Quran wa dawla* (Le Coran et l'État), Le Caire, Maktaba anglo-masriyya, 1973, respectivement p. 55 et p. 65-68 ; voir le chapitre que lui consacre Abdou Filali-Ansary, *Réformer l'islam ? Une introduction aux débats contemporains*, *op. cit.*, p. 9-39 et un fragment choisi du livre *in* Charles Kurzman, *Liberal Islam*, *op. cit.*, p. 37-45.

3. Mohamed Charfi, *Islam et liberté : le malentendu historique*, Paris, Albin Michel, 1999.

4. Bernard Lewis, *Race et couleur en pays d'islam*, trad. fr. A. Iteanu et F. Briand, Paris, Payot, 1982, p. 18.

5. En rapport avec l'expiation d'un péché commis par le maître, on peut affranchir un esclave en cas de non-respect d'un serment prononcé à l'égard des tiers (5 : 89), en cas d'homicide involontaire commis sur un croyant (4 : 92) et en tant qu'acte volontaire, en vue de s'acquitter de l'aumône légale (9 : 60) et de faire acte de libéralité (24 : 33) ou de bonté (2 : 177 ; 90 : 11-13).

6. Voir Abdelhamid Largueche, *Abolition de l'esclavage en Tunisie à travers les archives, 1841-1846*, Tunis, Alif, 1990.

musulmans. Ainsi, le « malentendu historique » aura été d'ignorer le message émancipateur du Coran, de la part des hommes libres, pour des raisons évidentes d'intérêt.

Il faut néanmoins argumenter autrement pour se défaire des châtiments corporels prévus dans des versets canonisés[1]. Comment les écarter ? L'entrée en matière consiste à réinterroger la raison d'être de ces prescriptions, leur finalité. L'idée est la suivante : la punition peut aujourd'hui être donnée sans qu'il soit nécessaire de recourir aux traitements humiliants et dégradants énoncés dans le Coran. Ainsi, on répond à la finalité de la sanction, sans la peine prescrite. L'islamologue Mohamed Talbi (m. 2017) appelle cette orientation « lecture vectorielle » du Coran : marcher en regardant devant soi, non derrière, vers les *salafs* (« prédécesseurs »)[2].

Troisième exemple : la condition de la femme, où l'exégèse moderne privilégie des versets du Coran contre d'autres. Ainsi, la polygamie clairement admise par le Coran (4 : 3) est cependant conditionnée par l'équité : « Mais si vous craignez de ne pas être équitables, prenez une seule femme » (4 : 3). Dès lors que « vous ne pouvez être parfaitement équitables à l'égard de chacune de vos femmes, même si vous en avez le désir » (4 : 129), la polygamie est interdite. Les Anciens n'y auraient pas pensé ? Oui, mais ils estimaient que la polygamie est un « droit » (4 : 3) laissant l'« équité » à l'appréciation des hommes.

Pour le port du voile, l'argumentation exégétique est plus sophistiquée. Deux versets demandent l'un aux croyantes de « rabattre leur voile sur leur poitrine » (24 : 31), l'autre « de

1. Couper la main du voleur (5 : 38), fouetter les débauchés (coupables de relations sexuelles illicites ; 24 : 2) et ceux qui profèrent de fausses accusations contre les femmes chastes (24 : 4), punir les rebelles (les exécuter, les crucifier, leur couper la main droite et le pied gauche ou les bannir ; 5 : 33) et le talion (2 : 178-179).

2. Mohamed Talbi, *Plaidoyer pour un islam moderne*, Tunis, Cérès, 2001.

se couvrir de leurs voiles » (33 : 59). Par « voile », la tradition savante entend tout ce qui dissimule le corps, retiré ainsi à toute visibilité publique, à l'exception du visage et des paumes de la main. On opposera au voilement le contexte d'énonciation : l'obligation de se voiler ne pesait que sur les femmes libres afin qu'elles ne soient pas confondues la nuit avec des esclaves et domestiques. On recourt aussi au lexique pour rappeler que le Coran n'indique pas l'obligation de se couvrir précisément les cheveux. Et à supposer que cela soit le cas, l'égalité entre hommes et femmes (compatible avec une charia bien comprise) commande de supprimer le voile. Trois réformistes (dont une femme) ont pratiquement épuisé, entre 1900 et 1930, les arguments sur cette question[1] : l'Égyptien Qacem Amin (m. 1908), la Libanaise Nadhira Zinedine (m. 1976) (qui commit son brûlot à moins de vingt ans) et le plus radical des trois, le Tunisien Tahar al-Haddad (m. 1935). Tous trois ont subi les foudres des traditionalistes, particulièrement Tahar al-Haddad, accusé d'impiété : son livre fut censuré par décision des oulémas. Depuis leur travail, ce plaidoyer contre le voile n'a pas pris une ride[2].

L'exégèse réformiste ne manque pas d'arguments. Elle a eu beaucoup de succès parce qu'elle correspondait à un horizon d'attente : rassurer les croyants perplexes quant à une Parole décalée par rapport au vécu. Mais elle pèche par éclectisme, et certains l'admettent[3]. Elle se prévaut en effet tour à tour

1. Qacem Amin, *Tahrîr al-mar'a* (La libération de la femme, 1899) et *Al-Mar'a al-jadîda* (La femme nouvelle, 1900), in *Œuvres complètes*, Beyrouth, Dar al-Chourouq, 1989, p. 319-518 ; Nadhira Zinedine, *Al-sufur wal hijab* (Dévoilement et voilement de la femme, 1928), Le Caire, Dar al-Kutub, 2012, p. 248-265 ; Tahar al-Haddad, *Imraatuna* (La femme dans la Loi et la société, 1930), Tunis, MTE, 1975.

2. Voir les arguments exégétiques d'un collectif d'intellectuels musulmans, *Le Monde*, 17 avril 2021.

3. Ghaleb Bencheikh, *Le Coran…*, *op. cit.*, p. 207.

de la lettre du Coran ou de son esprit, elle oppose le verset au verset, elle généralise l'énoncé contextualisé et particularise l'énoncé général. Cela dit, l'exégèse non réformiste (traditionaliste ou islamiste) recourt aux mêmes procédés. Il suffit de penser au *djihad* considéré comme « obligation absente », pour comprendre que le djihadisme n'est pas un pur littéralisme : il fait parler le Coran, muet sur le sujet, pour lui faire dire que le djihad est un devoir personnel au même titre que les cinq piliers de l'islam (profession de foi, prière, aumône, jeûne, pèlerinage). Seul le « vecteur » de l'exégèse est différent : le réformiste veut s'adapter au monde moderne, tandis que le non-réformiste s'emploie à lui résister.

Le Soudanais Mahmoud Mohamed Taha (m. 1985) rompt avec ce « bricolage ». Audacieux, il remet en cause le principe même de l'énonciation coranique. Selon la Tradition islamique, Muhammad a livré un premier enseignement lorsqu'il vivait à La Mecque (610-622), et un second durant son séjour à Médine (622-632). Le Coran mecquois, rempli d'exhortations morales, en appelle à l'intime conviction du croyant, libre d'obéir au Dieu unique, tandis que le Coran médinois est légaliste, il établit une législation : il approuve, selon Mahmoud Mohamed Taha, l'esclavage, l'inégalité sociale, la discrimination entre hommes et femmes, la polygamie, le voile et le djihad. Or la Tradition islamique considère que le Coran médinois prévaut sur le Coran mecquois, s'agissant du moins des dispositions traitant des mêmes sujets. On mesure immédiatement les conséquences de ce préalable… Alors Taha inverse la chronologie coranique. Muhammad à Médine, dit-il, se fait messager (*rasoul*), législateur dans le but de structurer une société non préparée pour adopter le vrai message. À La Mecque au contraire, il est prophète (*nabi*), celui qui annonce quelque chose, en l'espèce une société libre, égalitaire et juste, celle-là même à laquelle aspirent les musulmans. En somme, le Coran mecquois est universel tandis que le médinois est conjoncturel : l'antécédent a la préséance sur le subséquent. D'où le titre déroutant de son plaidoyer pour *Le Second Message de l'islam*[1] (1967), qui serait en vérité le premier. Taha n'était pas un homme « établi », devisant sur le perfectionnement de l'islam en dehors du monde. C'était un homme d'action, fondateur des Républicains libres, qui voulait engager la masse dans un mouvement de rénovation politico-religieuse sur le modèle des grands réformateurs de religion. Il sera exécuté publiquement en 1985, comme nous l'avons vu, pour « apostasie ».

Du libre arbitre

Prédestination et libre arbitre

La démarche exégétique réformatrice moderne est confortée par une théologie rationaliste adepte du libre arbitre : l'homme est doté de raison et à ce titre, il est libre de choisir entre croire et ne pas croire, entre le bien et le mal. On a fait grand cas de ce principe. On l'a assimilé, à tort, comme nous le verrons, à un « protestantisme musulman ». L'idée de la libre raison humaine s'est imposée dans le monde musulman au XIXe siècle, à partir de la réactivation d'un débat scolastique qui opposait dès le début du VIIIe siècle les déterministes aux partisans du libre arbitre. Fatalistes, les premiers ramènent tout à Dieu omniscient et omnipotent, de la Création de l'univers aux actions humaines, bonnes et mauvaises : toute chose est créée par Dieu (54 : 49 ; 13 : 9), y compris la « calamité » qui s'abat

1. Mahmoud Mohamed Taha, *Al-risala thaniyya min al-islam* (Le second message de l'islam), Soudan, éditeur non mentionné, 1969 (troisième édition). Le livre est traduit en français sous un titre différent : Taha Mahmoud Mohamed, *Un islam à vocation libératrice*, trad. fr. M. El Baroudi-Haddaoui et C. Pailhe, Paris, L'Harmattan, 2003.

sur les hommes (57 : 22). Et rien n'est, en revanche, attribué à l'homme. Les seconds au contraire, volontaristes, accordent à l'homme la responsabilité de ses actes (2 : 268 ; 10 : 27 ; 42 : 34), y compris « le malheur » qui l'atteint (42 : 30). Portée à son paroxysme, l'opposition entre les deux groupes de pensée se manifeste à propos d'un même événement dans deux versets coraniques successifs : « Lorsqu'un malheur vous a atteints [...], cela vient de vous » (3 : 165) et : « Ce qui vous a atteints s'est produit avec la permission de Dieu » (3 : 166).

Un siècle environ après la mort de Muhammad, deux textes précoces (et dont l'attribution est sujette à caution) ont formulé la doctrine déterministe[1]. Censée être de la même époque, l'*Épître* de Hassen al-Basri (m. 728), un théologien ascète prestigieux, leur a apporté la contradiction[2]. L'homme tenait un cercle religieux duquel est sorti le premier noyau des mutazilites (littéralement « ceux qui se sont séparés »), ces rationalistes partisans du libre arbitre et qui considéraient le Coran comme une parole créée. Ayant arraché le pouvoir au clan alide (la famille de Muhammad), les Omeyyades avaient tout intérêt à propager la résignation. Ils s'acharnent donc contre les premiers défenseurs du libre arbitre et d'un dialogue entre foi et raison[3]. Lesquels prennent cependant leur revanche lorsque le califat abbasside fait du dogme de la création du Coran une idéologie d'État (833-848) et qu'une inquisition d'État se met

---

1. *Réfutation d'un partisan du libre arbitre*, du calife Umar Ibn Abd al-Aziz (m. 720) et *Épître* d'Ibn al-Hanafiyya (m. 718 ou 720), petit-fils d'Ali, le gendre de Muhammad. Les textes sont édités, traduits et commentés par Josef van Ess, *Anfänge Muslimischer Theologie*, Beyrouth, Orient-Institut, 1975, respectivement, p. 137-176 (partie en allemand) et p. 42-53 (partie en arabe).

2. L'*Épître* de Hassen al-Basri est éditée par H. Ritter (1933) et a été traduite récemment en français par Martino Diez sous le titre « Le calife et l'ascète », *Oasis*, 26 janvier 2018, p. 94-100.

3. Steven C. Judd, « Muslim Persecution of Heretics During the Marwanid Period (64-132/684-750) », *Al-Masaq*, vol. 23, n° 1, avril 2011, p. 1-14.

à viser les traditionalistes. Selon ce dogme, le Coran, énoncé dans une langue arabe (43 : 3), est une parole inscrite dans le temps et qu'il est absurde de concevoir comme éternelle. En faire une parole incréée, c'est égaliser Dieu et ses œuvres. Le texte est d'ailleurs clair sur la distinction entre le Créateur et les produits de sa création. Cette période de suprématie mutazilite est appelée la *Mihna* (« l'épreuve »). Deux à trois traditionalistes périssent en prison, tandis qu'Ibn Hanbal est emprisonné et torturé pour avoir refusé d'obtempérer à la missive du calife Abu al-'Abbas al-Ma'mun (m. 833) exigeant que les oulémas déclarent publiquement leur adhésion à la doctrine du Coran créé. Le fondateur de l'école hanbalite sort de cet épisode auréolé de gloire. Les mutazilites seront toutefois défaits au xe siècle sur leur propre terrain par un transfuge, Abu Hassan al-Ach'ari (m. 936), fondateur de la théologie orthodoxe selon laquelle Dieu est le véritable créateur des actes, l'homme ne faisant en somme que se les approprier. C'est la thèse sunnite dominante de l'« acquisition » ou de l'« endossement » de l'acte. Elle ne nie pas le libre arbitre, mais en limite l'effet[1]. Au XIIe siècle, Averroès aussi proposera une voie moyenne : la « cause extérieure » obéit à la loi de nécessité tandis que la cause « efficiente intrinsèque » est mue par son propre mouvement[2].

Le « néo-mutazilisme »

Désavoués, les mutazilites seront ostracisés par le traditionalisme fidéiste jusqu'au XIXe siècle. De ce fait, la pensée

1. Voir Chikh Bouamrane, *Le Problème de la liberté humaine dans la pensée mu'tazilite*, Paris, Vrin, 1978, p. 105-135 ; Abdurrahman Badawi, *Histoire de la philosophie en Islam*, vol. 1 : *Les Philosophes théologiens*, Paris, Vrin, 1972, p. 41-43.

2. Averroès, *Kashf* (Dévoilement des méthodes de démonstration), fragment traduit par Marc Geoffroy dans *Averroès, l'islam et la raison. Anthologie de textes juridiques, théologiques et polémiques*, présentation d'Alain de Libera, Paris, Garnier-Flammarion, 2000, p. 130-142.

s'est sclérosée. C'est la raison pour laquelle on en a alors fait des penseurs libres, des *Freidenker*, ainsi que Heinrich Steiner les nomme, le premier, en 1865, à leur consacrer une monographie. Pour lui, ils sont « les principaux représentants de cette aspiration à la pensée libre » qui a marqué l'ère abbasside[1]. Mais *Freidenker* est un terme équivoque et, en 1890, l'orientaliste Ignaz Goldziher ébranle cette certitude à leur sujet : à l'en croire, le fanatisme mutazilite est « plus terrible » (*gräulicher*) et « plus répugnant » (*widerlicher*) que celui des littéralistes bornés[2]. Le mémoire de Patton sur « l'épreuve » (*Mihna*), en 1897, enfonce le clou : « Le rationalisme eût-il réussi à imposer par la persécution un abandon général de l'orthodoxie, il est probable que le principe de la pensée libre, sans la reconnaissance du pouvoir, aurait eu un effet désintégrateur au sein de l'islam[3]. » Propos excessifs sans doute, car l'orthodoxie au pouvoir n'a pas fait mieux. Elle a persécuté à la fois les hérétiques religieux et les penseurs libres non religieux. Quoi qu'il en soit, en réaction à un traditionalisme qui avait asséché la pensée, le réformisme moderne et contemporain, qu'on a appelé « néo-mutazilite[4] », renoue à sa manière avec le discours rationnel. Premier essai de théologie moderne en langue arabe, l'*Épître de l'unicité* (1897) d'Abdoh

---

1. Heinrich Steiner, *Die Freidenker im Islam*, Leipzig, Verlag S. Hirzel, 1865, p. 4.

2. Ignaz Goldziher, *Muhammedanische Studien*, vol. 2, Halle, 1890, p. 59, trad. angl., *Muslim Studies*, George Allen & Unwin, 1971, vol. 2, p. 65.

3. Walter M. Patton, *Ahmad Ibn Hanbal and the Mihna : A Biography of the Imam Including an Account of the Mohammedan Inquisition Called the Mihna, 218-234 A. H*, Leyde, Brill, 1897, p. 2 (traduction personnelle).

4. Le premier qui a utilisé le concept est Robert Caspar, « Le renouveau du mutazilisme », *MIDEO*, n° 4, 1957, p. 141-202 ; il est repris par Khalid Detlev, « Some Aspects of Neo-Mu'tazilism », *Islamic Studies*, 8 (4), 1969, p. 319-347 et par Thomas Hildebrandt, *Neo-Mu'tazilismus ?*, Leyde et Boston, Brill, 2007. On peut signaler, en France, l'Association pour la renaissance de l'islam mutazilite (ARIM), cofondée par Faker Korchane et Eva Janadin.

réconcilie de nouveau la foi et la raison « à laquelle s'adresse Dieu dans ses Ordres et ses Interdictions[1] ». Il en va de même de Mohamed Iqbal (m. 1938), poète et philosophe en Inde britannique, qui fait de la science, de la philosophie et de la poésie autant de voies d'accès à ce qu'il appelle la « Réalité ultime », probablement inspirée des religions cosmogoniques. Il va même plus loin : les prophètes sont l'expression d'un « ego ultime ». Le prophète de l'islam est le dernier d'entre eux : « La prophétie atteint sa perfection en découvrant la nécessité de sa propre abolition », délivrant l'homme en le livrant « à ses propres ressources »[2].

L'intellectuel iranien Abdolkarim Soroush (né en 1945) discute longuement le sceau de la prophétie chez Iqbal. Pour lui, cela signifie la nécessaire rénovation de l'interprétation religieuse[3]. À cette fin, il propose une méthode, « la restriction et l'expansion », qui distingue la religion (au sens restreint) et la connaissance de cette même religion, évolutive et ouverte. La restriction réduit la religion à l'essentiel, une foi et des cultes. L'expansion permet de prendre des libertés à l'égard de l'interprétation canonisée du Texte figée dans un corpus clos. Ce qui est de nature à réconcilier « éternité et temporalité » (une distinction qu'il dit devoir à Iqbal), raison et liberté, devoirs religieux et droits humains, foi et libre arbitre, religion et démocratie[4].

---

1. Mohammed Abdou [Abdoh], *Rissalat al tawhid : exposé de la religion musulmane*, trad. B. Michel et M. A. Razik, Paris, Geuthner, 1925, rééd. Alger, ENAG, 1989, p. 165-171.

2. Mohammed Iqbal, *La Reconstitution de la pensée religieuse en Islam*, trad. A. Bidar, Paris, Gallimard, 2020, p. 246.

3. Abdolkarim Soroush, *The Expansion of Prophetic Experience*, Leyde et Boston, Brill, 2009, p. 46-52.

4. *Id.*, *Reason, Freedom and Democracy*, Oxford, Oxford University Press, 2000, p. 26-38 (sur la méthode), p. 88-104 (sur raison et liberté), p. 131-155 (sur religion et démocratie).

Il ne faut cependant pas se laisser abuser par cette renaissance néo-mutazilite. En effet, les trois penseurs évoqués se laissent aller à une théologie politique non libérale. Pour le mufti Abdoh, nul besoin, en l'absence, en islam, d'une autorité érigée en clergé, de séparer le religieux du politique. Iqbal aussi refuse explicitement cette séparation : il condamne l'athéisme et fait même l'éloge d'Ibn Taymiyya et du wahhabisme[1]. Soroush plaide, lui, pour une énième utopie religieuse, un « État religieux démocratique » *(hukumat-i dimukratik-i dini)* où la « charia renforce la démocratie religieuse [...] à travers la protection de l'identité de la société religieuse », l'accomplissement des devoirs religieux, sans oublier la commanderie du bien et de l'interdiction du mal[2]. On comprend aussi qu'il évite de se prononcer ouvertement sur la liberté des femmes et les châtiments corporels. Parce que le peuple est profondément croyant, un gouvernement non religieux, dit-il, serait antidémocratique – et il en exclut même la possibilité.

Réformisme et protestantisme

Il est difficile d'apparenter le réformisme théologique musulman à un protestantisme où le salut serait fondé sur les trois *sola* (l'Écriture seule, la foi seule ou la grâce seule). La comparaison a pourtant été esquissée[3]. D'autant plus que le protestantisme s'est insurgé à ses débuts contre l'Église, donnant l'impression qu'il a des affinités avec un islam sans Église. Mais si on veut aller au fond des choses, le rapprochement

1. Mohamed Iqbal, *La Reconstitution de la pensée religieuse en islam, op. cit.*, p. 287-289.

2. Abdolkarim Soroush, *Reason, Freedom and Democracy, op. cit.*, p. 146-147.

3. Voir Roman Loimeier, « Is There Something like "Protestant Islam" ? », *Die Welt des Islams*, New Series, vol. 45, n° 2, 2005, p. 216-254, *loc. cit.*, p. 239-242.

est difficile à faire en raison du rapport du libre arbitre et de la grâce dans le protestantisme, inexistant en islam. Dans son *Traité du serf arbitre*, Luther martèle inlassablement cette idée, annoncée dans la préface : « Le libre arbitre sans la grâce de Dieu n'est pas du tout libre, mais immuablement prisonnier et esclave du mal, puisqu'il ne peut par lui seul se tourner vers le bien[1]. » Ainsi, la foi assure seule et « par la grâce de Dieu » le salut : c'est cela *La Liberté du chrétien*[2]. Elle n'a besoin ni de lois ni d'œuvres pour se justifier. Calvin radicalise cette intuition dans le « double décret », auquel il consacre un chapitre intitulé : « De l'élection éternelle : par laquelle Dieu en a prédestiné les uns au salut, et les autres à condamnation ». Le salut provient de la grâce ou des œuvres, mais guère des deux à la fois. Et cette grâce est exclusive, personnelle, propre à la personne qui la reçoit[3].

Le réformisme théologique musulman n'établit pas de rapport fort entre le libre arbitre et la grâce. Certes, la théologie médiévale de l'islam n'excluait pas que la foi provienne d'une grâce divine efficiente[4]. Cependant, elle confirmait la foi par les rites et les bonnes œuvres. Même le mutazilisme conditionne la foi à l'accomplissement des devoirs cultuels. Seule une opinion ultra-minoritaire s'en tenait à une foi non confirmée par les œuvres, remettant à Dieu le soin de sonder les cœurs. D'où le nom qu'on donne à ses adeptes, les *murjites*, littéralement « ceux qui renvoient le sort de l'âme à Dieu ».

1. Luther, *Du serf arbitre*, suivi de *Diatribe : du libre arbitre d'Érasme*, Paris, Gallimard, « Folio », 2001, p. 127.

2. Luther, *La Liberté du chrétien* (thèses 22-30), in *Les Grands Écrits réformateurs*, édition bilingue, Paris, Aubier, 1944, p. 283-301.

3. Calvin, *Institution de la religion chrétienne*, Genève et Paris, Librairie de la Suisse française, 1888, livre III, chap. XXI, p. 426-431.

4. Robert Brunschvig, *Études d'islamologie.* Avant-propos et bibliographie de l'auteur par Abdel Magid Turki, 2 vol., Paris, G.-P. Maisonneuve et Larose, 1976, vol. 1, p. 179-220.

Cette position « préfigure » la liberté de conscience moderne. C'est d'elle que les réformistes d'aujourd'hui auraient dû se réclamer. Pour conclure sur ce point : on a fait grand cas d'un libre arbitre d'inspiration mutazilite qui n'est même plus l'apanage des réformistes. De guerre lasse, les conservateurs s'y sont en effet eux-mêmes résolus. Ainsi, à la question : « L'homme est-il prédéterminé ou libre de choisir ? », le mufti d'al-Azhar, Atiya Sakr, répond en 1997 d'une manière qu'un mutazilite n'aurait sûrement pas désavouée : « Dieu a créé en l'homme les dispositions qui le rendent à même d'obéir et de désobéir[1]. » Dans *L'Homme est-il contraint ou libre d'agir ?*, le mufti syrien Muhammad Said Ramadan al-Bouti (assassiné par Daech en 2013) abonde dans le même sens : « Dieu a voulu que l'impie et le débauché le soient de leur propre chef[2]. » Il est étonnant de voir même le mufti wahhabite Ibn al-Baz (m. 1999) fournir une réponse identique : l'homme est à la fois prédéterminé et libre parce que « Dieu l'a doté de raison, de volonté et d'action[3] ». La raison à cela ? L'homme ne peut se dérober à sa responsabilité en imputant les fautes qu'il commet à la volition divine. Le libre arbitre entre le bien et le mal ne donne pas *droit* à l'impiété ou au blasphème. Ce sont là ses limites : l'homme est libre de commettre le mal et à ce titre, il est puni pour ce mal qu'on lui impute.

---

1. http://shamela.ws/browse.php/book-432/page-4625
2. M. S. Ramadan al-Bouti, *Al-insan, musayyar aw mukhayyir* (L'homme est-il contraint ou libre d'agir ?), Damas, Dar al-Fikr, 1997, p. 82.
3. https://binbaz.org.sa/fatwas/2080/

7
L'autre voie

Penser librement à l'âge médiéval

Il ne faut pas confondre le libre arbitre interne à la religion avec la pensée affranchie du carcan religieux, n'obéissant qu'à la loi qu'elle se donne à elle-même. On l'appelle, sans jeu de mots, la pensée libre ou « libre-pensée ». Dans le contexte des Temps modernes, elle exalte le rationalisme laïc et universaliste dans l'esprit des Lumières. En pays d'islam, cette libre-pensée des débuts est particulièrement remarquable. Ses représentants sont des héros qui prirent un risque inconsidéré quand toute critique de la religion pouvait mener à la potence. Ils font l'objet d'évaluations contrastées, mais assez proches. Dominique Urvoy les identifie à partir du critère de l'indépendance d'esprit : il s'agit de lettrés (musulmans, juifs et chrétiens) qui « ne rentrent pas dans le cadre d'écoles constituées[1] ». Sarah Stroumsa restreint la liste à deux penseurs « n'adhérant à aucune religion scripturaire », le théologien Ibn Riwandi (IXe siècle), dit « l'athée », et le médecin-philosophe Abu Bakr Razi, ou Razès (Xe siècle), pourfendeur des prophètes. Cette pensée

1. Dominique Urvoy, *Les Penseurs libres dans l'islam classique. L'interrogation sur la religion chez les penseurs arabes indépendants*, Paris, Albin Michel, 1996, p. 10.

incrédule médiévale est « un phénomène typiquement islamique », écrit la chercheuse[1]. En rapport avec la libre-pensée, nous privilégierons ici la *zandaqa* (ou *zindaqa*), mot d'origine perse désignant la religion manichéenne et, par extension, l'incrédulité dissimulée, persécutée par le pouvoir associé aux oulémas[2]. Précisons davantage la signification de cette *zandaqa*, avant d'en considérer certaines figures de l'époque médiévale.

Extérieurement musulmans

Au sens large, les *zindiqs* (adeptes de la *zandaqa*) sont des « individu[s] d'origine musulmane dont la pensée ou la conduite morale ou l'attitude politique semblait supposer une foi douteuse[3] », sans qu'on sache ce qui leur était précisément reproché. Cela pouvait être de s'abstenir d'accomplir les devoirs cultuels, de rendre licite ce qui était interdit, de douter de l'existence de Dieu, de proposer des conjectures sur l'authenticité de la prophétie de Muhammad, de s'écarter de l'unitarisme de la doctrine, de dissimuler la croyance en une autre religion, de croire en l'éternité du monde, de prendre la religion à la légère, de s'opposer au pouvoir politique, etc. La *zandaqa* « est un nom collectif vague, sous lequel on peut regrouper le manichéisme aussi bien que les manifestations les plus diverses de la libre-pensée », écrit Georges Vajda, le

1. Sarah Stroumsa, *Freethinkers of Medieval Islam*, Leyde, Brill, 1999, respectivement p. 8 et p. 19.

2. La bibliographie sur la *zindaqa* est pléthorique. Voir Georges Vajda, « Les *zindiqs* en terre d'islam au début de la période abbaside », *Rivista Degli Studi Orientali (R.S.O.)*, vol. 17, 1937, p. 173-229 ; Ahmed Taheri-Iraqi, *Zindaqa in the Early Abbasid Period With Special Reference to Poetry*, thèse, Édimbourg, 1982 ; Melhem Chokr, *Zandaqa et zindîqs en islam au second siècle de l'Hégire*, préface de G. Gimaret, Damas, Institut français de Damas, 1993.

3. Melhem Chokr, *Zandaqa et zindîqs en islam au second siècle de l'Hégire*, *op. cit.*, p. 15.

premier à s'être penché sur la question[1]. « Tout peut être décrit comme *zandaqa* s'il sent la pensée libre [*Freidenkertums*] : une explication dualiste du monde, aussi bien qu'une théologie apparaissant d'une manière ou d'une autre comme mettant en danger le *tawḥid* [« l'unitarisme »], et finalement même un libertinage purement moral ou intellectuel », précise J. van Ess. Il ajoute : « Au sens indéfini [*unspezifischen Bedeutung*], *zindiq* correspond à *dahri* [matérialiste] et à *mulhid* [athée][2]. » De Blois fait du *zindiq* un « renégat et [un] impie[3] ». La notion ratisse large.

Qui sont les *zindiqs* ? Des dignitaires convertis au manichéisme (secrétaires, gouverneurs et vizirs), des intellectuels hérésiarques et des poètes libertins nommément désignés par le polygraphe Ibn Nadim (m. 990). Leur tort : « Ils sont extérieurement musulmans, mais professent intérieurement la *zindaqa*[4]. » En Andalousie, ils seront six à en être accusés sur près de trois siècles (de 755 à 1031)[5].

1. Georges Vajda, « Les *zindiqs* en terre d'islam au début de la période abbaside », art. cité, p. 222.

2. Josef van Ess, *Theologie und Gesellschaft im 2. und 3. Jahrhundert Hidschra* Band I, Berlin et New York, Walter de Gruyter, 1991, p. 415 et 418 ; trad. angl. *Theology and Society in the Second and Third Century of the Hijra*, Leyde, Brill, 2017, vol. 1, p. 488 et 490.

3. François C. de Blois, article « Zindîk », *Encyclopédie de l'Islam*, vol. 11, p. 510-513.

4. Abu al-Faraj Muhammad ibn Nadim, *Fihrist*, Ridha Tajaddud (éd.), Téhéran, 1971, p. 401-402, trad. angl. par B. Dodge, *The Fihrist of al-Nadīm : A Tenth-Century Survey of Muslim Culture*, New York et Londres, Columbia University Press, 1970, vol. 2, p. 803-805. Voir une liste plus longue établie par des chercheurs contemporains : Ahmed Taheri-Iraqi, *Zandaqa in the Early Abbasid Period With Special Reference to Poetry*, thèse citée, annexes, p. 263-282 ; Melhem Chokr, *Zandaqa et zindîqs en islam au second siècle de l'Hégire*, *op. cit.*, p. 69-90 (les dignitaires), p. 187-232 (les théologiens) et p. 236-240 (les poètes).

5. María Isabel Fierro, « Accusations of "zindaqa" in Al-Andalus », *Quaderni di Studi Arabi*, vol. 5-6, p. 251-258.

Pourquoi la libre-pensée concerne-t-elle d'abord les manichéens, ces adeptes de Mani (m. 274 ou 277) dont la religion, simplifiée à l'extrême, se fonde sur l'opposition entre le royaume de la Lumière et celui des Ténèbres, le royaume de l'Esprit et du Bien, opposé à celui de la Matière et du Mal[1] ? Parce que ce sont d'ardents missionnaires, ce que l'islam ne pouvait supporter. Très tôt, ils traduisent en arabe une dizaine de leurs livres fondamentaux qui sont aussi d'une rare beauté, au point que le poète libertin Abu Nawas (m. 814) compare le beau visage d'un éphèbe à un livre des *zindiqs*. Leurs ouvrages sont en effet calligraphiés et enluminés, écrits en noir brillant sur du papier blanc couché, disponibles dans les librairies. L'écrivain mutazilite Jahiz (m. 866), qui en fait la description, déplore qu'un tel art soit mis au service d'une si mauvaise cause. Itinérants, les *siddiqs* (« élus ») manichéens sillonnent les contrées musulmanes, élégamment vêtus, tout au contraire de l'imagerie de l'émissaire en haillons. Ils s'adressent en priorité à des dignitaires de souche non arabe fraîchement convertis à l'islam, ou encore à des lettrés ancrés dans l'islam mais sensibles à une cosmogonie plus laborieuse que celle du *Fiat* miraculeux de la Création. Ils se prévalent de versets coraniques laissant croire que le Livre des musulmans se réfère à leurs deux principes : Dieu « a créé les Cieux et la Terre et établi les Ténèbres et la Lumière » (6 : 1) ; c'est un Dieu qui est « Dieu dans le Ciel et Dieu sur la Terre » (43 : 84), et qui superpose « Lumière sur Lumière » (24 : 35).

La persécution des zindiqs

La *zandaqa* est un grand prétexte pour nettoyer les écuries d'Augias, décimer une minorité religieuse active, se

---

1. En fait la cosmogonie manichéenne est plus compliquée, voir Michel Tardieu, *Le Manichéisme*, Paris, PUF, « Que sais-je ? », 1997.

débarrasser de notables encombrants et faire taire les intellectuels virulents. Mais laissons de côté les adeptes de Mani et les notables, et intéressons-nous aux lettrés, victimes d'une inquisition déclenchée par le calife abbasside al-Mansour (r. 754-775), qui se débarrasse de deux *zindiqs* : le premier, Mohamed b. Sa'ïd, dialecticien réputé, est accusé d'insinuer que Dieu peut toujours envoyer un nouveau prophète « pour peu qu'il le veuille ». Il est crucifié à Damas en 770[1]. Le second, Ibn Abi al-'Awja, est décapité (entre 769 et 772) par le gouverneur de Koufa (Irak) : il est soupçonné d'être un *dahri* (« matérialiste ») croyant en l'éternité du monde, ou peut-être un sceptique qui instille le doute sur la bonté d'un Dieu qui régénère la peau du supplicié en Enfer chaque fois qu'elle est consumée (4 : 56). Mais quel crime aura commis la peau de rechange pour mériter un tel châtiment, ironise-t-il[2] ?

Après al-Mansour, al-Mahdi (r. 775-785) intensifie l'inquisition. Il nomme un magistrat *ad hoc* qu'il pare du titre de « responsable des *zindiqs* ». Salah Ibn al-Quddus, pourtant presque aveugle, n'échappe pas à la potence, à l'âge de 70 ans, après une entrevue avec al-Mahdi. Son nom figure sur toutes les listes des *zindiqs*. Poète ombrageux, il vivait en ascète solitaire, après avoir fréquenté tous les milieux intellectuels sans faire partie d'aucun. Théologien hérésiarque, il était adepte du libre arbitre absolu : Dieu ne guide personne. Il se peut qu'il fût en réalité un sceptique, à qui on attribue un *Livre des doutes*. Aveugle de naissance, le grand poète Bachar Ibn Burd est, quant à lui, exécuté en 784, à près de 80 ans. On ignore s'il a été enterré ou jeté dans un marécage. Accusé d'être un « athée libre-penseur » (*mulhid-zindiq*), il fréquenta un temps

1. Voir Josef van Ess, *Theology and Society*..., *op. cit.*, p. 157-159.
2. Georges Vajda, « Les *zindiqs* en terre d'islam... », art. cité, p. 193-194 ; Melhem Chokr, *Zandaqa et zindîqs*..., *op. cit.*, p. 111-112 ; Josef van Ess, *Theology and Society*..., *op. cit.*, vol. 1, p. 515-517.

les mutazilites, qu'il finit à raison par trouver fanatiques. Ce distique de sa main laisse à penser qu'il était dualiste : « La terre est ténébreuse, le feu est lumineux / Et le feu est vénéré depuis qu'il existe[1]. »

La liste des condamnés est plus longue, mais il est difficile de croire que tous ces lettrés aient été des manichéens cachés alors que le premier commandement de Mani exige de dire la vérité[2]. Il s'agissait avant tout, sinon exclusivement, d'intellectuels persécutés pour leurs opinions. Haroun al-Rachid (r. 786-809) décrétera une amnistie dont il exclut cependant les *zindiqs*, deux d'entre eux étant nommément désignés. Al-Ma'mun (r. 813-833) en fera exécuter une douzaine à la suite d'une *munazara*, une séance de controverse qui avait mal tourné (selon l'historien Ali b. al-Hosein al-Mas'oudi[3]). C'est ce calife qui fait du mutazilisme une idéologie d'État et déplace la persécution contre les « gens de la tradition ». Or le califat ne pouvait sévir sans le concours des juristes, qui devaient eux-mêmes s'ingénier à ne pas déroger au principe selon lequel l'islam juge selon les apparences : il ne règne pas sur les consciences, mais il administre la croyance (et de ce fait les croyants). Pour échapper au châtiment, il suffit donc d'afficher une islamité de façade. Divers hadiths vont dans ce sens. Dans l'un des plus célèbres, un certain Usama Ibn Zayd venait d'achever un infidèle défait qui prononça sans conviction la profession de foi, juste pour échapper au tranchant de l'épée. Muhammad le lui reproche : « Est-ce que tu as pénétré dans son cœur ? » Ce hadith est interprété par la Tradition de cette manière : peu importe la croyance intime de la personne ; l'essentiel est qu'elle affiche publiquement son islamité.

---

1. Vers cités *in* Melhem Chokr, *Zandaqa et zindîqs…*, *op. cit.*, p. 287.
2. Michel Tardieu, *Le Manichéisme*, *op. cit.*, p. 80 et p. 86.
3. Ali b. al-Hosein al-Mas'oudi, *Muruj* (Les prairies d'or), Beyrouth, Dar Sader, 2005, vol. 3, p. 206.

Pour rester fidèle au principe des apparences, l'artifice juridique consistait alors à assimiler le *zindiq* à un athée, un apostat ou un blasphémateur. Ainsi Abu Youssef (m. 798), disciple d'Abu Hanifa, fondateur du hanafisme, est convoqué par Haroun al-Rachid pour apporter la contradiction à un *zindiq*. Or Abu Youssef refuse de discuter avec quelqu'un qui est « devenu impie » (*alhada fil islam*). Magistrat suprême, il recommande au calife de l'appeler à la conversion, sinon de le tuer. Dans le *Muwatta'* (« Introduction au droit »), Malik, le fondateur du malikisme, lui aussi contemporain de la persécution, opère une distinction entre l'apostat déclaré, qui aura trois jours pour se repentir, et les *zindiqs* et assimilés, exécutés « sans délai de résipiscence ». Pourquoi les traiter comme les blasphémateurs, éliminés sans attendre ? « Parce qu'il est impossible de s'assurer, dit-il, de leur sincérité. Et parce qu'ils se déclarent musulmans alors qu'ils sont au fond d'eux-mêmes impies. » Chafii, maître d'école lui aussi, fait à son tour du *zindiq*, dans le Livre-mère (*Al-Um*), un apostat non déclaré. Ibn Hanbal adopte la même position dans *Masa'il* (Questions), un recueil de fatwas édité par son fils. Ainsi l'apostat encourt la peine de mort pour reniement affiché, le blasphémateur pour propos injurieux et le *zindiq* pour incroyance dissimulée. La boucle est bouclée.

Figures de la pensée libre

Quatre lettrés se sont montrés d'une liberté d'esprit inimaginable aujourd'hui. Le premier, Ibn al-Muqaffa' (m. 759), est un sceptique partisan de « l'équivalence des preuves » (*takafu' al-adilla*, expression littéralement traduite du grec)[1]. Pour lui, toutes les religions se valent. Fondateur de l'*adab*, un

1. Josef van Ess, « Skepticism in Islamic Religious Thought », *Al-Abhath*, vol. XXI, mars 1986, n°1, p. 7 et Dominique Urvoy, *Les Penseurs libres dans l'islam classique…*, *op. cit.*, p. 119.

genre *sui generis* à la confluence de tous les arts de la plume (poésie, littérature et philosophie), il est attaché au service de l'oncle du calife abbasside al-Mansour. C'est à ce moment qu'il se convertit à l'islam. Il adapte du sanscrit, en passant par le persan, le *Kalila wa Dimna*[1], un recueil de fables du nom de deux chacals qui rapportent des récits et des anecdotes sur les arts de gouvernement et la bonne conduite. Le procédé est commode pour fabuler, mais un chapitre du livre est compromettant. Il relate l'histoire de Burzoé (ou Burzoè ; transcrit également Borzuya, Byrzoy et en arabe Barzawayh), médecin en chef du roi perse Khosrow I, dit Anushiravan (r. 531-579). Esprit inquiet qui n'a pu trouver la sérénité ni dans les biens de ce monde ni dans l'exercice de sa profession, il se tourne vers la religion, en prenant la précaution de « n'accepter que ce qu'il est en mesure de connaître et de ne suivre que sa raison ». Or sa quête reste vaine, car les religions sont nombreuses. « Certains peuples les avaient reçues en héritage. D'autres les cachaient avec soin. D'autres encore s'en servaient pour amasser les biens de ce monde. » En se conduisant ainsi, « ils obéissaient à leurs passions ». Il se tourne alors vers les savants de ces religions, qui le déçoivent tout autant : « C'est la passion et non le sens de la justice qui inspiraient [leurs] réponses. » En proie au doute, il pense un moment mener une vie ascétique, mais ne se voit pas en mesure d'y parvenir.

Or, tous ceux qui se sont penchés sur le *Kalila wa Dimna* s'accordent à dire que le chapitre dit « de Burzoé » ne figure pas dans sa source d'inspiration, la version indienne[2]. Ibn

1. Ibn al-Muqaffa', *Le Livre de Kalila et Dimna*, trad. fr. A. Miquel, Paris, Klincksieck, 1957 (réédité en 1980).

2. Voir le suivi philologique de la transmission du texte : François C. de Blois, *Burzōy's Voyage to India and the Origin of the Book of Kalilah wa Dimnah*, Londres, Royal Asiatic Society, 1990.

al-Muqaffa' ne fut pas accusé de *zindaqa*, mais exécuté à l'âge de 37 ans, sur ordre du calife, pour des raisons politiques[1]. Il « ne mourut pas *parce* qu'il était *zindiq*, écrit Gabrielli, mais *de la zandaqa*[2] ». Le chercheur signifie là qu'Ibn al-Muqaffa' dissimulait son hérésie en vrai *zindiq* mais qu'il était mort juste avant l'inquisition. Vers le milieu du IXe siècle, Qacim Ibn Ibrahim (m. 860), théologien zaydite (branche du chiisme) compose *Le Livre de la réfutation du* zindiq *maudit Ibn al-Muqaffa'*. Il lui impute la rédaction discutable d'une apologie manichéenne que lui, Ibn Ibrahim, s'emploie à réfuter longuement, traitant Ibn Muqaffa' de tous les noms (impie, arrogant, aveugle et dément...)[3].

Au IXe siècle, Abu Issa al-Warraq et son disciple Ibn Riwandi attaquent directement l'islam[4]. Le sort de ces transfuges du mutazilisme leur est commun à plus d'un titre. On ne sait si ce sont des manichéens, des chiites ou carrément des athées. Toutes les hypothèses sont plausibles, d'autant plus que nous ne disposons que de fragments de leurs écrits,

---

1. Depuis 1954, l'information selon laquelle Ibn Muqaffa' a été exécuté pour délit d'hérésie a été démentie : Dominique Urvoy, *Les Penseurs libres dans l'islam classique*..., *op. cit.*, p. 32.

2. Francesco Gabrielli, *Opera di Ibn al-Muqaffa'*, *Rivista Degli Studi Orientali* (*R.S.O.*), III (1931-1932), p. 243. Les italiques sont de l'auteur.

3. Nous nous appuyons sur l'édition bilingue de Michelangelo Guidi, *La Lotta tra l'Islam e il Manicheismo un Libro di Ibn al-Muqaffa' contro il Corano confutato da al-Qasim B. Ibrahim*, Rome, Academia Nationale dei Lincei, 1927, p. 1-149 (version italienne), texte arabe paginé autrement (1-55). L'attribution de l'apologie manichéenne à Ibn Muqaffa' défendue par Guidi (en introduction, p. XIII et p. XXIII) et Gabrielli, *Opera di Ibn al-Muqaffa'*, *op. cit.*, p. 239) est contestée par Melhem Chokr, *Zandaqa et zindîqs*..., *op. cit.*, respectivement p. 103-104 et p. 202-206.

4. Voir sur al-Warraq, David Thomas, *Early Muslim Polemic Against Christianity. Abû 'Isa al-Warraq's « Against the Incarnation »*, Cambridge, Cambridge University Press, 2002, p. 1-36. Et sur Ibn Riwandi, l'inégalable travail de Abd al-Amir al-A'sam, *Tarikh Ibn Riwandi al-mulhid* (Histoire d'Ibn Riwandi l'athée), Beyrouth, Dar al-Afak al-jadida, 1975.

préservés par leurs adversaires. On reconnaît à Abu Issa une compétence en histoire des religions. Sa réfutation du christianisme nous est conservée grâce à son contradicteur, le philosophe chrétien Ibn Adi (m. 974), mais elle ne laisse pas transparaître ses convictions religieuses. Dans *L'Étranger d'Orient*, un livre perdu, Abu Issa attribue ses idées à un manichéen, éponyme, probablement pour éviter l'ire des théologiens et l'accusation d'impiété[1]. L'écrivain Tawhidi (m. 1023) a conservé, dans la quarantième et dernière séance des veillées philosophiques de son *Imta'* (« Plaisir et convivialité »), l'un des rares extraits de *L'Étranger d'Orient* où Abu Issa al-Warraq doute de l'existence d'un Dieu juste. Les convives mis en scène, discutant des raisons qui font que les sectes et les obédiences s'accusent mutuellement d'impiété jusqu'à s'entretuer, en viennent à s'interroger sur Dieu lui-même. C'est alors que Tawhidi présente l'opinion d'Abu Issa al-Warraq, l'un des « théologiens les plus perspicaces », dit-il : le châtiment ne convient pas à la sagesse divine. « Le donneur d'ordre qui sait que celui qui le reçoit ne l'accomplira pas, est insensé (*safih*). Or Dieu sait que les infidèles ne croiront pas, si bien que leur ordonner de croire est sans raison. » Et al-Warraq ajoute : « Celui qui sévit mais ne redresse pas son châtiment ni la personne punie ni autrui, et dont la colère n'est pas apaisée par la sanction, est injuste, car il aura placé la pénalité là où il ne fallait pas. Or, étant donné que Dieu ne corrige ni ceux qui sont damnés ni d'autres et [puisque] sa colère demeure inapaisée, son châtiment ne relève pas de la sagesse[2]. »

---

1. Sarah Stroumsa, *Freethinkers of Medieval Islam*, *op. cit.*, p. 43 ; Josef van Ess, « Ibn ar-Rēwandi, or the Making of an Image », *Al-Abhath*, n° 27, 1978-1979, p. 9 et 26.

2. Tawhidi, *Imta'* (Plaisirs et convivialité), vol. 3, édité par A. Amin et A. Zine, Beyrouth, Dar Maktabat al-Hayet, s.d. (1re édition, 1939), p. 192 (ma propre traduction).

Dans son *Kitab al-Hikma* (Livre de la sagesse), Ibn Riwandi abonde dans le même sens que son maître. Il conteste la sagesse d'un Dieu qui exige une obéissance des impies alors qu'ils seront irrémédiablement désobéissants. Nommément désigné comme tel, il est l'athée par excellence. Ses écrits, dont la postérité nous a malheureusement légué à peine quelques sections, sont autant de pièces à conviction versées au dossier instruit contre lui par le mutazilite Abu al-Hussein al-Khayyat (m. 930). Dans le *Livre du triomphe et de la réfutation d'Ibn Riwandi l'athée*, al-Khayyat lui reproche de croire en l'éternité du monde et ainsi de remettre en cause la Création, de douter des miracles et des prophéties et de prétendre que le Coran regorge de versets contradictoires. Pis, il oserait dire que Dieu est « stupide, petit, vindicatif et cruel[1] ». Van Ess en fait un théologien provocateur. Selon Dominique Urvoy et Sarah Stroumsa, aucun théologien, aussi excentrique soit-il, ne peut s'autoriser à traiter le Seigneur de la sorte. Nul théologien n'ose douter du Coran ou du prophète comme le fait Ibn Riwandi dans le plus célèbre de ses ouvrages, *Kitab al-zomord* (Le livre de l'émeraude), ainsi nommé à cause du pouvoir aveuglant qu'aurait l'émeraude sur le serpent si celui-ci se hasardait à fixer de ses yeux le joyau.

Ibn Riwandi juge le Coran contradictoire et autoréfutant. Il se demande par exemple comment les anges rallient la bataille de Badr pour assurer la victoire des premiers convertis (16 : 63-65), mais se volatilisent lors de la bataille perdue d'Uhud (42 : 42-44). Ultime argument d'Ibn Riwandi : la raison souveraine se dispense de la prophétie. Cependant,

1. Le livre d'Al-Khayyat, *Kitab al-Intisar*, édité par Henrik Samuel Nyberg, Le Caire, 1925, a été traduit en français par Albert Nasri Nader sous le titre : *Le Livre du triomphe et de la réfutation d'Ibn er-Rawendi l'hérétique*, Beyrouth, Maktabat al-dar al-'arbiyya lil kitab (Librairie Maison arabe du livre), 1993 (traduction non consultée).

par prudence, *Le Livre de l'émeraude* donne la parole aux *Barahima* : « Les Brahmanes affirment que la raison, pour nous comme pour nos adversaires, est le bien le plus précieux légué par Dieu à sa créature et qu'il est l'instrument par lequel l'homme connaît le bien et le mal, l'ordre et l'interdit. Si le Prophète vient confirmer ce que la raison connaît comme bon ou mauvais, licite ou illicite, alors nous considérons sa mission comme nulle et ses preuves inutiles, car la raison nous suffit pour le savoir. Si sa mission contredit les conclusions de la raison, nous rejetons alors le Prophète [...]. » Ainsi en est-il de Muhammad : « Il a attesté de la majesté et de la grandeur de la raison. Pourquoi donc a-t-il professé des choses contraires s'il est véridique ? »

Al-Khayyat lui prête ces mots : « Sache que je suis un athée » (*mulhid*). Mais Ibn Riwandi ne le dit pas. Dans son *Fihrist*, le polygraphe Ibn Nadim mentionne que ses livres appartiennent au genre « impiétés » (*kufriyyat*) ; ils sont rédigés à l'instigation de son ami juif Abu Issa Ibn Levy, auprès de qui il trouve refuge à la fin de sa vie, par peur des représailles. Et comme pour le réhabiliter, Ibn Nadim ajoute : « Il s'est, dit-on, repenti au soir de sa vie[1]. » Deux dates sont avancées pour son décès, 859 et 910, la seconde laissant penser qu'il a quitté Bagdad précipitamment pour des terres plus clémentes.

Le célèbre médecin et philosophe Razès (Abu Bakr Razi, m. 925) est un autre héraut de la liberté de l'esprit. Lui fait carrément profession d'incroyance. Il s'illustre notamment par deux thèses : d'une part, une théorie métaphysique des « cinq éléments éternels » (Dieu, l'âme universelle, la matière, le temps et l'espace absolus et infinis), qui retire à Dieu l'exclusivité de l'éternité. Et d'autre part, une critique des religions : la Création, loin d'être une grâce divine pour le meilleur, est un acte hautement problématique, qui demande à être justifié.

---

1. Abu al-Faraj Muhammad Ibn Nadim, *Fihrist*, *op. cit.*, p. 216.

Razès a coulé des jours heureux à Rayy (Iran). Sa réputation de médecin y est pour beaucoup : son tempérament de gentilhomme, prompt à céder sur ses droits pour éviter des désaccords inutiles, a dû également jouer. En tout cas, c'est ainsi qu'il se dépeint lui-même dans son autobiographie, *La Conduite du philosophe*[1]. Autant dire qu'il est un penseur libre, mais « respectable », selon les mots de Sarah Stroumsa[2].

Exposée dans son livre (perdu) *Les Prestidigitations des prophètes* (*Makhariq al-Anbiya'*), sa critique de la religion est préservée grâce à une réfutation due à son homonyme Abu Hatim Razi (m. 933), théologien chiite ismaélien, sous la forme d'une controverse que l'ismaélien expose dans *Les Signes de la prophétie*[3]. Dans ce livre, la première séance polémique commence par des propos sur la prophétie, tenus par un Razès sceptique sur l'économie du salut : « D'où tenez-vous la nécessité que Dieu devait accorder le privilège exclusif de la prophétie à des gens plutôt qu'à d'autres [...] ? Et de quelle autorité tirez-vous que le Sage tout-puissant, dans sa sagesse, les dresse les uns contre les autres, entretenant les conflits et les faisant tous périr ? » Feignant la candeur, Abu Hatim lui demande : « Et comment, dans sa sagesse, aurait-il dû faire ? » Razès développe alors sa théorie de l'intelligence universelle partagée, selon laquelle il eût été plus avisé que le Tout sage dotât les êtres de capacités égales, de sorte qu'ils connaissent

1. Voir la traduction de Paul Kraus, in *Orientalia,* Nova Series, vol. 4, 1935, p. 300-334.

2. Sarah Stroumsa, *Freethinkers of Medieval Islam*, *op. cit.*, p. 87.

3. Je me base sur Abu Hatim Razi, *A'lam an-nubuwa* (Les signes de la prophétie), Londres, Dar al-Saqi, 2003 (reprenant l'édition de Téhéran de 1977). Les deux premiers chapitres ont été édités par Paul Kraus, « Raziana II », *Orientalia,* Nova Series, vol. 5, 1936, p. 358-378 ; F. Brion a traduit d'autres fragments : « Philosophie et révélation : traduction annotée de six extraits du *Kitab A'lam al-nubuwa* d'Abu Hatim al-Razi », *Bulletin de philosophie médiévale,* n° 28, 1986, p. 134-162.

par eux-mêmes le bien et le mal et évitent les guerres inutiles. Une égale distribution des facultés intellectuelles rend forcément la prophétie superflue et ce, contrairement au rationalisme fidéiste dominant, selon lequel la raison rend encore plus nécessaire la prophétie. Sa thèse est finalement que les religions se contredisent, et que chacune se prend pour la meilleure.

En outre, les miracles prophétiques sont des ruses et les prophètes des imposteurs inspirés par de mauvais génies. Razès attribue cette idée aux Sabéens, pour lesquels l'âme des démons hante le désert, enseignant aux hommes de se porter mutuellement du tort[1]. Quant aux hommes de religion, ce sont des fanatiques, des « boucs à barbe », qui paradent dans les assemblées (*majalis*) ; ils s'époumonent à débiter des mensonges et des fables rapportés par des tiers. Pour peu qu'on leur en demande des preuves, « ils versent dans l'invective, prennent colère et répandent le sang de leurs contradicteurs ». Le rationalisme radical de Razès rompt avec la règle d'or posée par Averroès dans le *Traité décisif*, selon laquelle la raison et la religion sont « des sœurs de lait ».

Le choix de la laïcité

L'âge médiéval se referme sur une pensée libre, dont les formes extrêmes sont l'athéisme et le rejet de la prophétie. C'est seulement au XIXe siècle que le dossier de cette pensée sera réouvert. Au Moyen Âge, un lettré affichait rarement son impiété. Il la dissimulait derrière ce que Leo Strauss nomme « l'art d'écrire entre les lignes », qui consiste à travestir des

1. Voir la place des Sabéens chez Razi *in* Sarah Stroumsa, *Freethinkers of Medieval Islam*, *op. cit.*, p. 162-167 et *id.*, « Écritures alternatives ? Tradition et autorité chez les libres penseurs en Islam médiéval », *in* Évelyne Patlagean et Alain Le Boulluec (dir.), *Les Retours aux Écritures : fondamentalismes présents et passés*, Louvain et Paris, Peters, 1994, p. 282.

messages « hétérodoxes » dans des « expressions délibérément ambiguës[1] ». Ou en recourant à des fictions littéraires, comme on vient de le voir à propos des plus audacieux d'entre eux. Afin de se prémunir d'éventuelles représailles, Ibn al-Muqaffa' fait parler le médecin hindou Burzoé, qui déclare que toutes les religions se valent. Abu Issa al-Warraq attribue le doute sur la bonté de Dieu à un étranger venu d'Orient. Ibn Riwandi fait dire aux brahmanes que Dieu est vindicatif, le Coran autoréfutant, le rituel ridicule et les prophètes inutiles. Et Razi impute son antiprophétisme aux Sabéens. Ces artifices n'ont pas échappé à leurs contradicteurs, qui les ont dénoncés comme autant de preuves d'une impiété inavouée, d'une *zandaqa*.

Dans les Temps modernes, les penseurs libres n'ont plus besoin de faire preuve d'autant de talent. Il leur suffit de proclamer ouvertement leurs convictions. Pourtant, ils sont peu à le faire. Une chape de plomb pèse toujours sur la libre-pensée ou sur ce que Jonathan Israel appelle les « Lumières radicales », au profit de la raison théologique réformiste dominante, apaisante pour la conscience du musulman. Pourtant, une pensée libre va se réclamer ouvertement de deux principes, la science et la laïcité. Elle est promue par des intellectuels gagnés, écrit Niyazi Berkes, par le sentiment que l'Occident est devenu une part d'eux-mêmes[2]. En cela, elle est aux antipodes du réformisme, qui donne la parole à la modernité… pour faire entendre l'islam.

Raison et conscience

Sir Ahmed Khan (m. 1898) jouit d'un grand prestige en Inde musulmane. En 1875, il fonde l'école d'Aligarh sur le

1. Leo Strauss, « Persecution and the Art of Writing », *Social Research*, 8:1/4, 1941, p. 491-492.

2. Niyazi Berkes, *The Development of Secularism in Turkey*, *op. cit.*, p. 290-294.

modèle de Cambridge. Esprit éclairé, il appelle, lors d'une conférence publique en 1884, à une « nouvelle théologie », qui devra soit « rendre futiles » les principes de la science moderne, soit « les rendre harmonieux avec les doctrines de l'islam » en lesquelles il croit profondément[1]. Partisan d'une théologie naturelle, il énonce quinze principes interprétatifs d'allure spinoziste, animés par l'idée que Dieu a créé le monde selon la loi de nature, antérieure à l'homme. Khan conteste l'existence empirique des êtres immatériels (anges et diables) et soumet les miracles prophétiques à la raison[2]. Ce qui n'exclut pas du tout la libre volonté de l'homme[3]. Réfutations et fatwas s'enchaînent alors contre l'intellectuel « naturaliste » (*nechari*, dérivé de l'anglais *nature*). Et un religieux fait le voyage à La Mecque pour arracher aux quatre écoles de droit musulman une fatwa excommuniant le « serviteur du diable[4] ».

Afghani (m. 1897), précurseur du réformisme, participe à cette campagne de dénigrements avec l'*Épître invalidant la doctrine matérialiste* (1878), traduit de l'ourdou en 1883 par un disciple qui n'est autre que l'illustre Abdoh[5]. Le pamphlet

1. Sir Ahmad Khan, « Lecture on Islam », *in* Charles Kurzman (dir.), *Modernist Islam, 1840-1940, A Sourcebook*, Oxford, Oxford University Press, 2002, p. 291-302, *loc. cit.*, p. 294.

2. Les principes exégétiques sont traduits par M. D. Rahbar, « Sir Sayyed Ahmad Khan's Principes of Exegesis », *The Muslim Word*, part. I, avril 1956, p. 104-112 (9e principe, p. 110-111) & part. II, octobre 1956, p. 324-335. Voir leur agencement dans Johannes Marinus Simon Baljon, *The Reformers and Religious Ideas of Sir Sayyid Ahmad Khan*, Lahore, Orientalia, 1958, p. 68-87 et Aziz Ahmad, *Islamic Modernism in India and Pakistan, 1857-1964*, Londres, Oxford University Press, 1967, p. 42-54.

3. Johannes Marinus Simon Baljon, *The Reformers and Religious Ideas of Sir Sayyid Ahmad Khan*, *op. cit.*, p. 83-84.

4. Voir les fatwas et les réfutations, in *ibid.*, p. 88-100.

5. Rédigé en ourdou, le texte est traduit en arabe par M. Abdoh avec l'aide de A. Effendi Abi Tourab et publié en 1883 (traduction française non

est d'une rare violence contre le matérialisme et le laïcisme français, qui suinteraient l'impiété. Mais ni Afghani ni Abdoh n'ont lu Darwin. C'est Shibli Shumaïl (m. 1917), un médecin chrétien libanais installé au Caire, qui donne un premier accès à *L'Origine des espèces*, avec une série de travaux (1884-1910) réunis sous le titre de *Philosophie de la genèse et de l'évolution* (1910) : « Tout procède de la nature, par elle et en vue d'elle », écrit-il en introduction d'un livre abondamment critiqué mais peu lu, de l'aveu même de l'auteur (les cinq cents exemplaires du premier tirage ont mis quinze ans à s'écouler !)[1]. Shumaïl nomme la théorie de l'évolution des espèces un « unitarisme naturel » (*tahwid tabi'î*)[2]. L'unitarisme (*tawhid*) désigne dans la théologie musulmane l'idée que Dieu est un seul et même être, radicalement séparé de tous ceux qu'il a créés. Shumaïl substitue la nature à Dieu, unifiant tous les êtres naturels.

Il oppose la science et la religion. L'une fait du « monde une seule patrie », « élève les hommes dans la fraternité humaine » et instaure la « tolérance » (*tasamuh* ou *tasahul*) nécessaire au vivre-ensemble[3]. L'autre ralentit le progrès,

---

consultée : Amélie-Maire Goïchon, *Réfutation du matérialisme*, Paris, Librairie orientale, 1942).

1. Nous nous référons à Shibli Shumaïl, *Majmouat* (Œuvres) : *Philosophie de la genèse et de l'évolution*, vol. 1, Le Caire, Matbaat al-Muqtatatf, 1910 (comprenant les *Commentaires de Büchner sur la doctrine de Darwin* [1884], *Défense de la vérité* [réponse aux détracteurs] [1885], *Addendum d'appui à la thèse matérialiste* [1887] et une conclusion [1910] et vol. 2, Le Caire, Matbaat al-Maarif, 1910 [réunissant diverses contributions dans les journaux]). Voir un texte choisi, *in* Anouar Abdel-Malek, *Anthologie de la littérature arabe contemporaine*, Paris, Seuil, vol. 3, p. 132-136 ; pour un point sur la question, voir Faouzia Charfi, *L'Islam et la science,* Paris, Odile Jacob, 2021, p. 159-186, et Marwa Elshakry, *Reading Darwin in Arabic, 1860-1950*, Chicago, The University of Chicago Press, 2013, p. 99-129.

2. Shibli Shumaïl, *Majmouat* : *Philosophie de la genèse*, vol. 1, *op. cit.*, p. 31.

3. *Ibid.*, p. 10 et p. 30.

se nourrit de l'ignorance et nourrit l'hostilité et la haine entre les hommes et les nations. En même temps, il pense que la réforme de Luther (qu'il appelle « révolution ») est moins contraignante pour la raison que le catholicisme. Elle a par ailleurs préparé la Révolution française[1]. Comme il le précise en conclusion du livre : « Je ne suis pas un antireligieux fanatique [...], je suis un fanatique de la vérité[2]. » Dans d'autres écrits, notamment *Le Coran et la civilisation* (1908), il écrit que « la religion en elle-même n'est pas un obstacle à la civilisation, mais les hommes de religion le sont[3] ». Le médecin ne tombe pas pour autant dans le darwinisme social : il est l'un des premiers à défendre l'idéal socialiste, avant même la naissance d'un salariat dans le monde musulman[4].

Le darwinisme fait aujourd'hui vieux jeu en monde musulman, mais durant un demi-siècle, écrit Faouzia Charfi, « l'évolution de l'espèce » et « le progrès » furent deux principes qui eurent des conséquences d'ordre politique, en ce sens qu'une partie des lettrés y voyaient une solution au déclin de l'islam, indépendamment de la portée scientifique de la thèse de Darwin[5]. Ils étaient appuyés dans leur combat par *al-Muqtataf* (*Digest*), une revue de vulgarisation scientifique qui a vécu près de quatre-vingts ans (1878-1958).

Actualité de l'athéisme

Jamil Sedqi Zahawi (m. 1936), un poète irakien de noble extraction, influencé par Shibli Shumaïl qu'il rencontre

---

1. *Ibid.*, p. 53-54.
2. *Ibid.*, p. 360, note 1.
3. Shibli Shumaïl, *Majmouat*, vol. 2, Le Caire, Matbaat al-muqtataf, 1910, p. 57-63 et p. 69-79 (réponse aux détracteurs)
4. *Ibid.*, p. 152-157 et p. 170-187.
5. Faouzia Charfi, *L'Islam et la science*, *op. cit.*, p. 161.

au Caire, met en vers ses idées dans *Révolution en Enfer* plus proche de l'*Épître du pardon* du poète d'Al-Ma'ari (m. 1058), que de la *Divine Comédie* de son contemporain Dante[1]. Aveugle, Al-Ma'ari est un poète pessimiste et sceptique, accusé de *zandaqa*. Dans son *Épître*, il imagine un poète (Ibn al-Qarih) qui rencontre dans son va-et-vient entre Paradis et Enfer, des poètes et lettrés préislamiques et hérétiques, occasion pour l'auteur d'éprouver son talent dans une prose rimée inégalable[2]. Le livre de Zahawi est également rimé. L'auteur s'y met en scène. À son décès, il est soumis sous terre à l'épreuve préliminaire de vérité des deux anges du bien et du mal (Munkir et Nakir). Il avoue que le doute ne l'a jamais quitté, y compris à leur propos : *Enfin, en ce moment je crains fort / Ignorer quelle est mon ultime conviction*[3].

Les deux anges concluent à son impiété. Ils l'emmènent d'abord au Paradis, pour lui faire regretter les délices dont il s'est délibérément privé. Et puis en Enfer, où il rencontre de grands esprits auxquels il donne la parole (Socrate, Avicenne, Shakespeare, Dante, Darwin, des poètes arabes, le théologien Ibn Riwandi, le soufi Hallaj…). Tous ensemble décident de se révolter. L'insurrection est menée par le poète aveugle al-Ma'ari, comme si la lumière surgissait de l'obscurité. Les

1. Sur l'homme et l'œuvre, voir Gottfried Widmer et Georg Kampffmeyer, « Übertragungen aus der neuarabischen Literatur. II. Der iraqische Dichter Gamil Sidqi Az-Zahawi aus Baghdad », *Die Welt des Islams*, Bd. 17, H. ½, 1935, p. 1-79 (p. 1-18 biographie, p. 4 sur sa rencontre avec Shumaïl) et Wiebke Walther, « Camil Sidqi Az-Zahawi, Ein irakischer Zindiq im ersten Drittel dieses Jahrhunderts », *Oriens*, vol. 34, 1994, p. 430-450 (p. 437 à propos de sa rencontre avec Shumaïl).

2. Voir un florilège de vers traduits par Abdelaziz Kacem, « Penseur libre ou libre penseur, Abû l-'Ala' Al-Ma'arrî », *Synergies Monde arabe*, n° 5, 2008, p. 243-262.

3. *Révolution en Enfer*, édité en ligne : https://www.jadaliyya.com/Details/25044

hommes marchent sur le Paradis qu'ils libèrent de ses occupants crédules. C'est la plus grande révolution de tous les temps.

Ce n'était pourtant qu'une allégorie sur le temps présent gisant dans les ténèbres. *Révolution en enfer* est en effet une occasion pour Zahawi d'exprimer ses convictions. Par exemple à propos de Dieu et de l'univers : *Les univers n'ont qu'un seul Dieu éternel. C'est l'infini / Il n'est de différence que verbale entre Dieu et l'infini*[1].

Sur le voile des femmes, il se situe dans l'esprit émancipateur de l'époque : *On me demande quel intérêt de dévoiler les femmes / Je dis* que *cela vaut mieux que de les voiler. Comment un peuple peut prétendre à la civilisation / Une moitié séparée de l'autre*[2].

Zahawi est un sceptique radical, partisan de ce qu'on appelle à l'âge classique « l'équivalence des preuves » : la vérité comme l'erreur se valent. Indifférents à ces subtilités, ses contemporains l'accusent d'athéisme.

L'Égyptien Ismaïl Adham (1911-1940) est le premier intellectuel qui assume ouvertement son athéisme en islam. Il s'en explique dans *Pourquoi je suis athée*, un bréviaire d'une dizaine de pages qu'il débute par un vers de Zahawi[3]. Qu'est-ce que l'athéisme, s'interroge-t-il ? « C'est la croyance que la raison d'être du monde réside dans le monde lui-même et qu'il n'y a rien au-delà du monde. » On ne lui connaît pour toute œuvre que de courts textes sur divers sujets. Mais son

1. Voir traduction de ce vers en allemand, *in* Gottfried Widmer et Georg Kampffmeyer, « Übertragungen aus der neuarabischen Literatur », art. cité, p. 12.

2. *Révolution en enfer*, *ibid.*

3. *Limadha Ana mulhid* (Pourquoi je suis athée) a été publié d'abord dans la revue *Al-Iman*, août 1937, p. 236-246 et tiré à part, Alexandrie, Matbaat al-ta'awun, 1937. Voir une monographie sur ce livre : Gualtherus Hendrik Albert Juynboll, « Ismail Ahmad Adham (1911-1940), the Atheist », *Journal of Arabic Literature*, 3, 1972, p. 54-71.

essai, *La Liberté de pensée*[1], est de qualité et tranche en faveur de la « liberté totale » et de l'affranchissement du joug de la tradition. Il y rend un hommage appuyé aux matérialistes (Shibli Shumaïl, Ismaïl Madhhar, traducteur de Darwin, et bien d'autres). Adham met fin à ses jours le 23 juillet 1940, à 29 ans : c'est en tout cas la version des services de police. *Pourquoi je suis athée* déclenche immédiatement une polémique[2]. Adham dit s'être résolu à proclamer son athéisme après avoir pris connaissance d'une conférence donnée une année auparavant par Zaki Ahmed Abu Shadi (m. 1955), la « croyance unitariste » (1936). L'écrivain et éditeur de la revue *Apollo*, porte-parole de l'avant-garde littéraire, y résorbait dans une veine mystique le conflit moderne entre la science et la foi. Cette belle conférence exaltait le sentiment de l'unicité de l'Être qui abolit la distance entre les existants. Apostrophé par Adham, Shadi réplique par *Pourquoi je suis croyant.* La réponse est quelconque : parce que le monde ne peut se passer de l'hypothèse Dieu. Mohamed Farid Wajdi (m. 1954), rédacteur de la revue *Al-Azhar* renchérit par *Pourquoi il* [Adham] *est athée.* Parce qu'il a confondu, écrit-il, le réel et la cause qui le fait mouvoir. Est remarquable la qualité d'un échange de vues dans le respect mutuel fondé sur « la tolérance », comme s'en enorgueillit Mohamed Farid Wajdi, le plus conservateur des protagonistes. L'écrivain égyptien Alaa el-Aswany a rappelé récemment encore (après l'agression dont Rushdie a été victime le 12 août 2022), « l'atmosphère de tolérance » dans laquelle baignaient Adham, Shumaïl et

1. Ismail Adham, *Hurriyat al-fikr* (La liberté de pensée), *Al-Adabi*, t. 1, 1936, p. 474-498.

2. Nous nous appuyons sur l'ensemble des textes (y compris celui d'Adham, *Pourquoi je suis athée*), réunis et édités par les soins de Mohamed Amara, *Hiwar al-iman wal ilhad* (Le dialogue entre la foi et l'athéisme), Le Caire, al-Azhar, 2014, p. 48.

les libres-penseurs dans le monde arabe avant que le discours wahhabite ne gangrène les esprits[1].

Ce débat fondateur autour de l'athéisme est-il derrière nous ? L'audace, dit-on, stimule les vocations. Ainsi, *Pourquoi je suis athée* devint une bannière. Dans *Pourquoi je ne suis pas musulman* (1999), Ibn Warraq (un pseudonyme) conteste « toutes les religions [...], fausses et pernicieuses » et revendique son droit « même de blasphémer » et de « faire la satire » de l'islam[2]. En 2013, l'écrivaine Joumana Haddad se pose la question *Pourquoi je suis athée ?* : Parce que « ma raison, ma conscience, ma dignité en tant qu'être humain / femme m'empêchent de croire. Et je crois qu'il est de mon droit de l'exprimer[3] ».

Récemment, une évolution se dessine : les athées ne se recrutent plus uniquement dans le milieu des lettrés. Des jeunes et des activistes de la société civile proclament ouvertement leur athéisme. Nombre d'entre eux sont poursuivis par une justice qui assimile, comme nous l'avons vu (*supra*, deuxième partie), l'expression d'une opinion à un blasphème[4].

La laïcité en débat

À la « laïcité islamique » des réformistes, d'hier à aujourd'hui, la pensée libre oppose pour sa part une laïcité

1. Alaa El-Aswany, « Salman Rushdie a prouvé que la plume l'emporte sur les couteaux », *Le Monde*, 21-22/03/2022.

2. Ibn Warraq, *Pourquoi je ne suis pas musulman*, Lausanne, L'Âge d'Homme, 1999, respectivement, p. 10 et 37.

3. Opinion publiée dans *Nahar* (Liban), le 23 mars 2013. Le texte n'existe plus dans les archives du quotidien, il est disponible dans un magazine de libres penseurs : *Al hiwar al-mutamaddin* (« Le dialogue civilisé ») : http://www.ahewar.org/debat/show.art.asp?aid=351886

4. Voir l'enquête menée par Dominique Avon, « L'athéisme face aux pays musulmans » : https://insoumis.wordpress.com/2015/12/22/latheisme-face-aux-pays-majoritairement-musulmans/ et l'enquête du monde :

https://www.lemonde.fr/idees/article/2017/12/20/l-atheisme-ce-tabou-du-monde-musulman_5232132_3232.html

radicale. On pourrait néanmoins légitimement penser que loin d'être antagonistes, les deux voies de la sécularisation, interne et externe à la religion, pourraient converger et aboutir à terme à la neutralité de l'État en matière religieuse et à la liberté de croire ou de ne pas croire. Or tel n'est pas du tout le cas en pays d'islam, où l'évocation même du terme « laïcité » suscite les protestations les plus énergiques. Une polémique instructive à ce sujet a consacré très tôt la victoire de la laïcité interne au monde musulman, en opposant Farah Anton (m. 1922), chrétien libanais exilé à Alexandrie, homme des Lumières, à Mohamed Abdoh (m. 1905), fondateur de l'islam réformiste et mufti d'al-Azhar. C'est ce dernier qui déclencha la querelle après avoir lu une série d'articles sur Averroès publiés par Farah Anton dans les colonnes de son propre magazine, *Al-Jami'a*, fondé en 1899. Anton se sentit en devoir de répliquer. Il édita la controverse une année après, en 1903, en annexe de son ouvrage intitulé *Averroès et sa philosophie*[1]. Le titre pourrait laisser croire qu'il s'agit d'un énième ouvrage sur un philosophe arabe prestigieux, mais telle n'était pas l'intention d'Anton. Il s'agit d'un livre de philosophie et non de religion, annonce-t-il en introduction, dédié à la « nouvelle pousse » d'Orient, « ces gens raisonnables parmi les musulmans et les chrétiens qui voient le danger de mêler le monde et la religion en ces temps-ci ». Des temps forts qui rythment cet échange polémique abordant tous les thèmes de la modernité, on retiendra le rationalisme – en rapport avec Averroès – et la tolérance – en relation avec la laïcité.

Anton prend en effet le parti d'Averroès contre les théologiens qui « récusent les causes telles qu'elles sont entendues par les philosophes, c'est-à-dire non interchangeables et non

1. Nous nous appuyons sur la première édition : Farah Anton, *Averroès et sa philosophie, suivi des textes de la polémique Anton-Abdoh*, Alexandrie, al-Jami'a, 1903, p. 85-227 (la polémique).

modifiables ». Inspiré par la lecture d'*Averroès et l'averroïsme* d'Ernest Renan, il fait du philosophe un fervent rationaliste, dont les « principes ne coïncident pas avec les principes de la religion islamique ». Quoique le rationalisme d'Averroès participe (selon Anton) de l'épistémè médiévale, anachronique, il annonce l'attitude matérialiste et scientifique moderne. Anton n'est cependant pas scientiste. Il plaide en effet pour la distinction des sphères de la science et de la religion : l'une repose sur la raison, l'autre sur le cœur. « Les preuves rationnelles » recourent à l'observation et à l'expérimentation, « les preuves du cœur » reposent sur « l'acceptation de ce qui nous vient des Livres, sans examen des principes ». « Il n'est guère de moyen de prouver l'une par l'autre, car chacune remplit une fonction différente. C'est pourquoi l'une et l'autre doivent vivre côte à côte [...], sans que l'une ne tente de dominer l'autre[1]. » On croit lire le *Traité théologico-politique* de Spinoza...

De son côté, Abdoh rappelle le libre arbitre en théologie et le déisme d'Averroès (et même de son maître Aristote !). Laquelle des deux religions, la chrétienne ou l'islamique, est la plus tolérante à l'égard de la science et des hommes de sciences ? Pour Abdoh, dont la perspective est apologétique, l'islam *per se* n'est pas intolérant. Il ignore la « discorde » pour raisons religieuses et fait preuve d'une tolérance (*tasâhul*) inégalée à l'égard des hommes de science de confession non musulmane. Anton regrette la manière dont Abdoh aborde la question. L'enjeu, dit-il, n'est pas la préférence religieuse, mais la tolérance, c'est-à-dire la « fraternité universelle » (*ikha' 'am*) d'hommes libres et le droit de remettre en cause les

1. *Ibid.*, p. 122-123. Voir une traduction légèrement différente dans Anouar Abdel-Malek, *Anthologie de la littérature arabe contemporaine*, *op. cit.*, vol. 3 : *Les Essais*, Paris, Seuil, 1965, p. 131-132 (Abdel-Malek traduit les pages 117-123 de la polémique).

Écritures[1]. Elle suppose un État neutre en matière de religion. Inacceptable, rétorque Abdoh : c'est comme si les corps étaient séparés des âmes ! Selon lui, l'islam est *foncièrement* laïc. Anton déplore l'amalgame entre politique et religion, qui affaiblit les gouvernements sans fortifier la religion. Il cite en exemple le modèle français de laïcité, qu'il connaît bien pour avoir traduit la Déclaration des droits de l'homme et du citoyen dans l'une des livraisons de *Jami'a*, sous le titre « Les droits de l'homme ne doivent pas être piétinés par l'homme » (numéro de novembre 1901)[2].

Anton et Abdoh représentent deux modèles de sécularisme, deux courants de pensée en concurrence du XIXe siècle à nos jours : le modèle universaliste et le modèle islamique. On ne connaît que le second en terre d'islam, mais on doit au premier des idées fortes, servies parfois par une faconde tout orientale, telle celle de l'écrivain Taha Hussein : « Laissons donc les Anciens [...]. Essayons de ne pas subir les influences qu'ils subirent et de ne pas fausser la science, comme ils le firent. » Telle est la méthode qu'il préconise pour déconstruire la tradition orale dans *De la poésie préislamique* (1926), le livre qui lui valut, comme nous l'avons vu ci-dessus (chapitre 2), un procès pour blasphème.

Dans *La Liberté de pensée* (1927), Salama Moussa (m. 1958) reprend presque mot pour mot les expressions du philosophe de Königsberg, Emmanuel Kant : « On pense à tort que la pensée est libre dès lors que personne n'en entrave l'exercice. En fait, elle ne l'est que lorsqu'elle est exprimée publiquement et partagée avec autrui[3]. » Homme

1. *Ibid.*, p. 148.

2. C'est la première traduction en langue arabe de ce texte, la traduction turque ayant été établie quelques années auparavant par l'historien Mehmet Murat Bey dans son *Tarih-i Umumi* (Histoire générale), 1881.

3. Salama Moussa, *Huriyat al-fikr* (La Liberté de la pensée et ses hérauts), Le Caire, Muassasat Hendawi, 2012, p. 14.

des Lumières, il énumère les entraves à leur expression (la coutume, l'intérêt, le fanatisme et la peur). Mais à l'en croire, toute idée nouvelle finit par triompher[1]. La sienne est exposée l'année de son décès (1958) dans *Mon éducation* : « Je crois dans le christianisme, l'islam et le judaïsme. J'aime le Messie, j'admire Muhammad, Moïse m'éclaire. Je contemple Paul et je tends vers Bouddha. Mais je crois *aussi* en la science comme dans le socialisme[2]. » On pourrait également citer Farag Fouda, aussi profondément croyant que laïc : « Rejeter le sécularisme, c'est ignorer la civilisation moderne. Accuser le sécularisme d'impiété, c'est faire preuve d'ignorance. Appeler à un État islamique, c'est ignorer les droits humains. Et appeler à un califat, c'est ignorer l'Histoire », écrit-il dans *Dialogue autour du sécularisme*[3]. Il est assassiné par des islamistes en 1992… On pourrait encore citer des penseurs laïcs qui ne figurent dans aucune des anthologies sur l'islam libéral, réformiste et moderne[4] – à l'exception des deux anthologies d'Anouar Abdel-Malek qui balaient tout le spectre de la pensée arabe, y compris « l'islam politique : du fondamentalisme

1. *Ibid.*, p. 15.

2. Anouar Abdel-Malek traduit un fragment de Salama Moussa (*Tarbiat Salama Moussa* – Mon éducation) dans son *Anthologie…*, *op. cit.*, vol. 3, p. 224-228 (citation p. 224).

3. Farag Fouda, *Hiwar hawla al-'almaniyya* (Dialogue autour de la laïcité), Le Caire, Dar al-Mahrousa, 1987, p. 19.

4. Les anthologies en langue française d'Abdou Filali-Ansary (*Réformer l'islam ?…*, *op. cit.*) et de Rachid Benzine (*Les Nouveaux Penseurs…*, *op. cit.*) font la part belle aux réformistes de l'intérieur de l'islam. Aucun libre-penseur n'y figure. L'absence de Mahmoud Taha, pourtant un théologien novateur, ne s'explique pas. Il en va presque de même de Charles Kurzman, qui consacre à peine deux ou trois notices à des penseurs laïcs sur plus d'une cinquantaine d'auteurs retenus dans ses deux anthologies (*Liberal Islam*, *op. cit.* et *Modernist Islam*, *op. cit.*). Aucune anthologie ne retient non plus le Tunisien Tahar al-Haddad (m. 1935), le plus radical des défenseurs des droits des femmes (pourtant issu de l'université religieuse al-Zitouna).

à l'intégrisme[1]. » Elles s'arrêtent aux années 1970, moment où l'islamisme devient menaçant.

Ce dernier, l'islamisme, gagne alors la bataille des idées en pays d'islam et étend « le domaine de la lutte » en terre de mécréance. La panique est telle qu'on s'est résolu, ici et ailleurs, à cette amère conclusion : seul l'islam peut sortir les musulmans d'Orient de la déréliction et faire aimer la République aux musulmans d'Europe. Assignés à leur identité, des intellectuels se sont alors crus de nouveau en devoir de convaincre leurs coreligionnaires de ce dont ils sont pourtant convaincus depuis leur prime jeunesse : l'islam *est* liberté !

1. Anouar Abdel-Malek, *La Pensée politique arabe contemporaine*, Paris, Seuil, 1970 p. 63-80 et *Anthologie…*, *op. cit.*, vol. 3, p. 145-171.

CONCLUSION

Le sacré contre la liberté

Cette enquête historique sur la libre expression en islam s'est imposée d'elle-même. Je n'étais pas satisfait de la manière dont ouvrages ou articles et médias ont expliqué pourquoi des exaltés déciment des artistes et des intellectuels au motif qu'ils ont blasphémé en caricaturant le prophète de l'islam. Au nom d'une certaine charia élevée au rang d'un « droit des gens », ils se seraient crus en devoir d'en exécuter les décrets. Je trouvais fausse l'opinion qui prétend que « l'islam n'a rien à voir » avec les auteurs de ces actes abominables, déniant même à ces parias la qualité de musulman. Elle est démentie par les appels à la mobilisation générale qui se font entendre jusque dans les bourgades les plus reculées du monde musulman, à chaque affaire de blasphème.

Il fallait aller au fond des choses, en prenant les précautions à la fois pour éviter l'amalgame entre islam et islamisme et pour se départir d'un préjugé tenace selon lequel l'islam ignore ce qu'on appelle « la liberté ». Cela sans tomber dans l'apologie, qui a du succès même dans les cercles intellectuels les plus éclairés, selon laquelle l'islam est une religion foncièrement libérale. Je me devais d'envisager la pluralité de ses expressions, en suivre l'évolution historique contrastée jusqu'aux Temps modernes pour arriver à ce constat : l'islam met en place un dispositif politico-religieux qui enserre la libre expression de toutes parts. Instauré par l'État moderne, ce dispositif est légitimé par l'autorité religieuse officielle en concurrence avec l'islamisme radical, séparatiste et violent. Certes, individuellement, des musulmans peuvent s'exprimer librement sur les questions religieuses, mais ils ne sont jamais à l'abri de représailles, parfois lourdes, très lourdes. Elles viennent des autorités politiques et des islamistes. Leur tir croisé contre les réfractaires à l'ordre politico-religieux brouille les frontières entre la religion commune et son avatar fanatisé, et il entretient la confusion entre l'immense majorité de croyants paisibles et une infime minorité belliqueuse. Maillon faible de la chaîne, les populations musulmanes ne sont pas disposées à accepter une libre critique de la religion. Méfiantes par principe à l'égard des autorités politiques et religieuses, elles sont sous l'influence de l'islamisme. Son coup de force est de surenchérir sur la religiosité populaire. Comment ? En exigeant le respect scrupuleux des préceptes de la religion, mais la « vraie » religion, la sienne pour laquelle il mène une propagande agressive. De ce point de vue, il y a peu de différences entre l'islam « chez soi » et l'islam en Europe. Dans les deux mondes, l'islamisme distille le poison qui infeste les esprits, en vue de constituer une contre-société. Il s'emploie, en pays d'islam autant qu'en Europe, à contrôler le culte (crucial pour une religion ritualiste) et l'éducation (pour la reproduction sociale), à soustraire les femmes au regard et à les séparer des hommes. En focalisant sur le licite et l'illicite, il cherche à transformer son idéologie séparatiste en une sorte d'« islamisme de masse ». Il y a cependant une différence de taille entre l'Europe et le monde de l'islam : la laïcité. Elle accorde aux musulmans d'Europe une liberté à laquelle aspirent encore leurs coreligionnaires des pays à majorité musulmane. Pourtant, dès lors qu'il s'agit d'atteinte considérée comme inadmissible à la religion, la majorité des musulmans réagit partout de la même manière.

Qu'est-ce qui peut les fédérer en réalité ? Le *sacré*. *Sacer* désigne ce qui est consacré, sanctifié (*sanctus* en latin, *muqadass* en arabe), mais, par un redoublement de sens inouï, *aussi* ce qui est exécrable et abominable. En langue arabe, le mot qui rend le mieux cette double signification est *harama* (qui prend racine dans la triade *h.r.m.*) dont les nombreuses dérivations sémantiques s'appliquent à ce qui doit être protégé (*horma*), comme à ce qui est prohibé (*harâm*). Qu'est-ce qui explique *l'aura du sacré* ? Le sentiment religieux originaire du « tout autre », du *ganz andere*, qui enchante le croyant tout en suscitant en lui un sentiment d'effroi, de recul, de respect[1]. Qui lui donne la peur des châtiments, des tourments de la tombe et de l'Enfer.

Durkheim nous dit que le sacré sépare le pur de l'impur, dispense le faste et le néfaste, apporte bienfaits et malheurs. À cette fin, il ordonne ou interdit, demande d'agir ou de s'abstenir, rétribue l'accomplissement de ce qui est prescrit et punit le manquement à ce qui est prohibé. Telle est l'ambivalence fondatrice du sacré qui s'exprime à travers la religion, son terrain de prédilection (au point qu'on confonde le sacré et la religion)[2]. Au fondement des sociétés religieuses, le sacré survit dans les sociétés modernes et laïques, *a fortiori* dans celles qui n'ont pas mené à terme le processus de sécularisation. En islam, on peut dire qu'il est *ontologiquement* premier. Il a priorité sur la liberté, qu'il limite d'autorité. Il surenchérit en se faisant passer pour la liberté même : se soumettre à Dieu passe pour l'essence de la liberté. Et il fascine et ensorcelle au point de déclencher une violence cathartique. Arrêtons-nous sur ces trois points.

---

1. Rudolph Otto, *Le Sacré*, Paris, Payot, « Petite bibliothèque », 2001, p. 69, p. 189-195 et p. 223-230.

2. Émile Durkheim, *Les Formes élémentaires de la vie religieuse*, Paris, PUF, « Quadrige », 1994.

Si le sacré bride la liberté, c'est qu'il soustrait au regard le Seigneur, absolument irreprésentable, dans l'enceinte sacrée et en dehors. L'interdiction est étendue à Muhammad, du moins dans le sunnisme moderne et contemporain. Et de Muhammad à ses compagnons : c'est ce que Durkheim appelle la « contagiosité » du sacré. Dans l'ordre du dicible, la dualité du sacré se manifeste par le respect de la parole dévote, formulée dans un langage propre, et par la damnation de la parole jugée infâme, celle qui « exècre » le nom de Dieu, offense l'islam et injurie son prophète. Le « péché de la bouche » est traqué jusque dans le vocabulaire, tandis que dans l'ordre du pensable, le sacré sépare radicalement la croyance de la pensée irréligieuse et l'opinion droite des doctrines hérétiques. Ainsi, des images intolérables, des locutions blasphématoires et des pensées incrédules sont interdites *en tant que telles*, en ce qu'elles souillent ce qui est saint, c'est-à-dire inviolable, et nullement parce qu'elles portent atteinte à la dignité de personnes particulières ou offensent des groupes en raison de leur religion. Or la loi morale aussi est sainte, écrivait Kant. On peut opposer en effet à la préséance du sacré l'idée que la liberté est tout aussi sacrée. Peu après la publication des premières caricatures en 2005 par *Jyllands-Posten*, Soheib Bencheikh, l'ancien grand mufti de Marseille, avait clairement affirmé, en février 2006, ce point de vue minoritaire en islam : « Comme la religion, la liberté d'expression est sacrée[1]. »

Le sacré se fait aussi passer pour l'essence même de la liberté. La version soufie est élégante : la liberté est une « station » dans l'itinéraire spirituel menant à la sainteté. Au nom des soufis, al-Qushayri (m. 1072) est le premier à consacrer au concept un chapitre de son *Épître* : « La liberté (*hurriyya*)

1. https://www.saphirnews.com/Caricatures-Comme-la-religion-la-liberte-d-expression-est-sacree--juge-Soheib-Bencheikh_a2261.html

signifie pour un serviteur de Dieu d'être ni esclave d'autres créatures ni dépendant de choses elles-mêmes créées » ; « La véritable liberté est dans le perfectionnement de la servitude par rapport à Dieu[1]. » Inspiré sur ce point par al-Qushayri, le grand maître Ibn Arabi (m. 1240) réserve à la liberté trois courts chapitres de ses *Illuminations mecquoises* : être libre, c'est s'affranchir de toute autorité humaine. Le connaissant passe ainsi du culte *('ibada)* à la « servitude » *('ubudiyya)* consentie, puis à la « servitude absolue » *('ubûda)* (les trois mots ont la même racine lexicale), précisément l'annihilation du libre choix[2]. Cette quête spirituelle ne s'affranchit pas de l'obéissance à la *charia* mais n'en fait pas la condition *sine qua non* de la sainteté, contrairement à la vision légaliste de la liberté-soumission selon laquelle l'homme n'est libre qu'en demeurant dans la servitude de Dieu. Autant alors lui obéir dans les limites qu'il a décrétées : l'homme n'a pas besoin de s'élever dans l'échelle de la spiritualité, il n'a qu'à respecter scrupuleusement les injonctions de la *charia*. Dans *Les Libertés publiques dans l'État islamique*, l'islamiste tunisien Rached Ghannouchi se fait clairement l'écho de cette conception : « La liberté est un dépôt, une responsabilité, un engagement, une fidélité et un sacrifice allant jusqu'au martyre[3]. » Plus qu'un droit, elle est un devoir : « Les droits de l'homme sont

1. Al-Qushayri, *al-Risala al-qushayriyya* (Épître de Qushayri), Le Caire, imprimerie Dar al-Chaab, 1998, chap. 33, p. 377-380, *loc. cit.*, p. 387 (voir la traduction anglaise de l'ensemble du chapitre *in* Franz Rosenthal, *The Muslim Concept of Freedom, Prior to the Nineteenth Century*, *op. cit.*, p. 108-113 et *Al-Qushayri's Epistle on Sufism*, trad. angl. par Alexander D. Knysh, Reading (Royaume-Uni), Garnet Publishing Limited, 2007, p. 229-232).

2. Ibn Arabi, *Futuhat* (Les illuminations mecquoises), chap. 140 et 141, Beyrouth, 1999, Dar al-Kutub al-'Ilmiyya, vol. 3, p. 341-344 et chap. 214, vol. 4, p. 195-197.

3. Rached Ghannouchi, *Al-Hurriyat* (Les libertés publiques dans l'État islamique), Tunis, Dar al-Mujtahid, 2011, p. 36 et *Muqarabat* (Approches), Tunis, Dar al-Mujtahid, 2011, p. 17-18.

considérés en islam comme faisant partie des devoirs […] et non de simples intérêts comme il en est en Occident[1]. »

Toute atteinte à cette liberté devient *ipso facto* une offense au sacré. Le voile, si polémique, en est un parfait exemple : toute femme voilée déclare le porter *librement*. Il y a là sans doute une confusion entre la liberté-servitude et la liberté-affranchissement : la première fait de l'habitus un acte libre, la seconde arrache l'homme aux usages qui le maintiennent dans la « minorité » intellectuelle, pour paraphraser Kant. Le libéral Stuart Mill abonde dans le même sens : « Ce n'est pas la liberté que d'avoir la permission d'aliéner sa liberté[2]. » Nous avons suffisamment montré que la première ligne de force – pour filer notre exemple : le voile porté « librement » – a gagné sur la longue durée la bataille des idées.

Le sacré met un cran d'arrêt à la liberté, il dévoie la liberté, mais il déclenche aussi une violence sacrificielle. « La violence *ou* le sacré ? », se demande René Girard[3]. Il répond : « Le sacré, c'est la violence[4]. » Néanmoins, le sacré ne veut la violence que pour la dompter[5]. Comment ? En désignant un bouc émissaire, étymologiquement « celui qui écarte les fléaux[6] ». Il polarise ainsi un lynchage frénétique, le prix à payer pour réconcilier la communauté avec elle-même. Les sujets sont en « rivalité mimétique », des « doubles » indifférenciés, obsédés par le fait de vaincre l'adversaire, si bien que la seule manière

1. *Id.*, *Muqarabat*, *op. cit.*, p. 28.

2. John Stuart Mill, *De la liberté*, *op. cit.*, p. 80.

3. René Girard, *La Violence et le Sacré*, Paris, Grasset, 1972, p. 357 (rééd. Hachette, « Pluriel »).

4. *Id.*, *Des choses cachées depuis la fondation du monde*, Paris, Le Livre de Poche, 1978, p. 49.

5. *Ibid.*, respectivement p. 36 et p. 384-391.

6. Girard cite le Lévitique (16. 15-10) à propos d'un bouc envoyé par Aaron au désert, chargé des fautes des enfants d'Israël : *Des choses cachées*, *op. cit.*, p. 50 et p. 199-200 ; voir aussi *id.*, *Les Origines de la culture*, Paris, Hachette, « Pluriel », 2006, p. 75-102.

d'apaiser la tension entre eux est de la détourner sur une victime expiatoire. René Girard assume que sa théorie de la violence sacrée se fonde sur la « structure de tous contre un », à l'antipode de la logique du contrat social[1]. Pour susciter le lynchage frénétique, le bouc émissaire doit remplir certains critères stéréotypés : proche et lointain, il fait partie de la communauté tout en lui étant extérieur. Semblable et dissemblable, il est dans l'*hybris*, la démesure, par excès (il est puissant) ou par défaut (il est impotent)[2]. Le sacré transforme ainsi un grand interdit : « Tu ne tueras point ! » en un acte juste : « Il faut que la bête meure ! » La figure archétypale du blasphémateur en islam a tous les traits de cette victime expiatoire, prise le plus souvent dans le lot des plus vulnérables (les artistes, les lettrés, les non-musulmans et les femmes). Le blasphémateur s'apparente à l'*Homo sacer*, une figure du droit romain archaïque aux effets juridiques redoutables. C'est un homme libre condamné à mort par le tribunat dans la Rome antique, mais qui ne peut être ni sacrifié dans un rituel divin, ni exécuté en application de la sentence pénale. Il est alors livré à la vindicte populaire, et celui qui le tue ne commet pour ainsi dire ni un sacrilège (religieux) ni un homicide (laïc). Paria, l'*Homo sacer* est ainsi placé dans une double extériorité, en dehors de la justice divine comme de la justice humaine[3]. Également paria, le blasphémateur en islam est puni à la fois par le droit islamique et par le droit positif, la Loi de Dieu et la loi des hommes. La double sanction renvoie à la limitation de la liberté d'expression que nous avons esquissée en introduction : des restrictions relevant de la tradition auxquelles

1. *Id.*, *Des choses cachées*, *op. cit.*, p. 58 et p. 78.

2. Voir les stéréotypes de la persécution in *id.*, *Le Bouc émissaire*, Paris, Grasset, 1982 ; réédition, Paris, Le Livre de Poche, 1986, p. 21-36.

3. Giorgio Agamben, *État d'exception. Homo sacer*, Paris, Seuil, 2003, p. 79-126.

s'ajoutent celles qui conditionnent la liberté moderne. Cette double limitation doit être récusée en retournant la liberté *contre* le sacré : s'affranchir d'une tradition désuète fondée sur la quadruple discrimination entre croyants et non-croyants, musulmans et non-musulmans, individus libres et esclaves, hommes et femmes. Proclamer la primauté de la liberté sur toute autre considération et abolir les législations liberticides : tel est le programme à réaliser.

Postface

Peut-on rire de tout en islam ?

Dans *Approche de Hölderlin*, Heidegger écrit : « Le Sacré n'est pas sacré parce que divin ; c'est plutôt parce que selon son ordre il est sacré, que le divin est divin[1]. » Dissocié de la religion, le sacré n'en garde pas moins son caractère tragique. Il se méfie du rire propre au comique, qui peut dégénérer en mépris. D'après Skinner, une tradition philosophique les a longtemps confondus[2]. Qu'en est-il de l'islam ? Frileux, l'islam moderne et contemporain s'est interdit de tourner en dérision la religion (bien qu'il soit difficile de dissocier la religion du dogme, des hommes de religion et des pratiques religieuses). Nous l'avons longuement exposé (notamment les chapitres 2 et 3 de la deuxième partie). Mais que dit du rire l'islam médiéval ? La réponse est une belle leçon pour les modernes pudibonds.

Le lexicographe Askari (m. 1005) distingue la plaisanterie amicale, la moquerie méprisante et l'ironie malveillante[3]. Son homologue Thâalbi (m. 1038) établit une échelle de

1. Heidegger, *Approche de Hölderlin*, Paris, Gallimard, 1962, p. 77.

2. Voir sur cette histoire la remarquable contribution de Quentin Skinner, « La philosophie et le rire », 2001 : http://cmb.ehess.fr/54.

3. Askari, *Al-Furuq* (Les différences de la langue), Le Caire, Dar al-'Ilm wa thaqafa, s. d., chap. 21, p. 254-256.

l'humour, allant du sourire au délire[1]. L'islam a bien assimilé la leçon d'Aristote, exposée dans les *Parties des Animaux* (III, X, 673b) : « L'homme est le seul animal qui rit. » En effet, de l'*Épitre sur l'art de combattre la tristesse* du premier philosophe arabe Abu Yakoub Ibn Ishaq al-Kindi (m. 873) au *Traité de la mélancolie* du médecin juif Ishaq Ibn Imran (IXe-Xe siècles), une même thèse est affirmée : le rire est « la surprise de l'âme devant quelque chose dont la compréhension lui échappe », écrit Ishaq Ibn Imran. Il cesse quand l'âme se fixe sur le mobile qui l'a déclenché[2]. On rit donc volontiers *en* islam. Mais rit-on *de* l'islam ?

En principe, la révélation est chose grave et sérieuse, « non point une plaisanterie frivole » (86 : 13-14). L'humour fait partie des vingt « fléaux » du langage recensés par Ghazali (m. 1111), mais c'est un péché mineur comparé à la calomnie, qui est maudite (104 : 1). Son tort est d'éloigner de la vérité : c'est son sens même, le *mazah* (« l'humour ») étant le substantif du verbe « écarter » (*azaha*)[3]. Le Coran fait-il de l'humour ? Mustansir Mir relate une série de scènes qui lui ont semblé prodigieusement cocasses[4]. Par exemple, la femme d'Abraham « riait » à l'annonce de la naissance d'Isaac (dont le nom signifie « rire » en hébreu) ; surprise, elle désignait son époux d'un « celui-ci » (11 : 71-72) probablement

---

1. Thâalbi, *Fiqh al-lugha* (Les règles du langage), Beyrouth, al-Maktaba al-Asriyya, 2000, chap. 15, section 26, p. 150.

2. Ishaq Ibn Imran, *Traité de la mélancolie*, édition bilingue, A. Omrani, Tunis, Beit al-Hikma, 2009, p. 66 (version française). Pour al-Kindi, *Rasail* (Épîtres), édition d'Abou Rayda, Le Caire, Dar al-Fikr al-Arabi, 1950, p. 176 (définition du rire) et la paraphrase de son *Épitre sur l'art de combattre la tristesse* faite par Abdurrahman Badawi, *Histoire de la philosophie en islam*, *op. cit.*, vol. 2 : *Les Philosophes purs*, p. 457-469.

3. Al-Ghazali, *Ihya* (Vivification des sciences de la religion), Beyrouth, Dar-Sader, 2004, vol. 3, p. 133-202.

4. Mustansir Mir, « Humor in the Koran », *Muslim World*, vol. LXXXI, juillet-octobre 1991, n° 3-4, 1991, p. 179-193.

accompagné d'un geste ironique à l'égard du vieillard, avance Mir. Dans une autre sourate, quand ses armées, formées de djinns, d'hommes et d'oiseaux, arrivent à la vallée des fourmis, Salomon « sourit, amusé » en entendant l'une des fourmis demander aux colonies de ses congénères de rentrer dans leurs demeures si elles ne veulent pas être écrasées par inadvertance (27 : 16-19). Cet humour est certes sobre...

De nombreuses anecdotes sont rapportées à propos de l'humour maîtrisé du prophète de l'islam. Ainsi, une vieille femme fond en pleurs en entendant Muhammad dire : « La vieille n'entrera pas au Paradis. » Pour la rassurer, il cite le verset sur les houris toutes « faites vierges » (56 : 36), laissant entendre qu'elle en fait partie ! Muhammad faisait de l'humour en esquissant un sourire. Mais riait-il ? Oui, jusqu'à ce qu'on voie ses molaires, selon un hadith. Même Dieu rit, selon un autre hadith : menacé de feu le jour du Jugement, le dernier des hommes, ingénu, ne sait comment s'adresser à Dieu, qui rit de sa candeur et le fait entrer au Paradis. Citons un dernier hadith : « Quelqu'un demande au Prophète : Dieu rit-il ? Il répond "Oui". Je me suis dit [s'écria le demandeur], je ne désespère pas d'un Dieu qui rit de bonté. » Rit-il pour de bon ? Les littéralistes s'abstiennent de tout commentaire, tandis que les théologiens s'en remettent à sa bonté. Ainsi, Ibn Fourak (m. 1015), élève du fondateur de la théologie orthodoxe al-Ach'ari, tranche pour le sens métaphorique, comme quand on dit que le soleil est rendu « allègre » et la terre « réjouie » par ses plantes[1].

Vaut-il mieux rire que pleurer ? À la lecture du Coran, les mécréants s'esclaffent (53 : 60), alors que les croyants, humblement, « tombent sur leurs faces en pleurant » (17 : 109), les prophètes les premiers (19 : 58). D'après un hadith, les Anges

1. Ibn Fourak, *Kitab mushkil al-Hadith* (Livre des hadiths ambigus), Beyrouth, 'Alam al-Kutub, 1985, p. 139.

n'ont plus ri depuis la création de l'Enfer. Sur Terre, les gens sont nombreux à pleurer. Il est arrivé à Muhammad lui-même d'accomplir la prière en sanglots : « On dirait un chaudron en ébullition », selon un hadith. Dans la tradition chiite, on appelle les « pleureurs » *(al-bakkaoun)*, les repentants qui se sont réunis en sanglots autour du tombeau d'Hussein, cinq ans après son assassinat à Karbala par les Omeyyades (680). Mais ce sont les soufis qui forment le cercle des pleureurs. Ils sanglotent tellement qu'on a l'impression qu'ils font leurs ablations rituelles avec des larmes. Dans *Hilyat* (Revêtement des saints), al-Isfahani (m. 1038) rapporte d'innombrables récits d'ermites en pleurs. Sur le refrain : « Malheur à moi ! », un maître-pleureur ('Awn Ibn Abdallah) qui se sent frappé de malheur dans l'obéissance comme dans la désobéissance, exhale une longue complainte : « Malheur à moi ! Par quoi je n'ai pas désobéi, malheur à moi ! Je l'ai désobéi dans sa bonté et sa grâce, malheur à moi[1] ! »

Pleurer sied aux pénitents, rire, aux bouffons. Accablée, l'âme se laisse volontiers aller à la joie. Au point qu'Ibn al-Jawzi (m. 1200) – un auteur fanatique qui aurait vu le diable s'insinuer partout dans son *Talbis Ibliss* (Les illusions de Satan), et qui avoue n'avoir jamais joué gamin –, se laisse aller à railler, dans *Récits des imbéciles et des irréfléchis*, la stupidité de ses contemporains. Il avertit cependant que rire juste pour rire « assèche le cœur[2] ». Entre fausse pudeur et peur des représailles, l'écrivain polygraphe Jahiz (m. 866) excelle. Dans *Le Livre des avares*, un florilège d'anecdotes sur les hommes sans cœur, il oppose le rire aux larmes. Dans une homologie parfaite, dit-il, Dieu « fait rire et pleurer [et], vivre et mourir » (53 : 43-44),

1. Abu Nu'yam Al-Isfahani, *Hilyat al-Awliya* (Revêtement des saints), Beyrouth, Maktabat al-Khangi, 1996, vol. 5 (fiche 323), p. 255-260.

2. Ibn al-Jawzi, *Akhbar al-Humqa* (Récits des imbéciles et des irréfléchis), édition Abd al-Amir Mahna, Beyrouth, Dar al-Fikr al-Lubnani, 1990, p. 19.

« plaçant ainsi le rire en face de la vie et les larmes en face de la mort »[1]. Mais Jahiz demeure dans la mesure. Il avoue qu'il a supprimé les noms des personnes moquées soit parce qu'il les redoutait, soit parce qu'il voulait les ménager : « C'eût été pourtant le chapitre le plus important et le plus intéressant », regrette-t-il[2]. Dans le même esprit, Abu Ishaq al-Husri (m. 1022) réunit, dit-il, « les anecdotes des Anciens et des Contemporains, les joyaux des hommes de raison et des attardés mentaux, les étrangetés des roturiers et des nobles, les merveilles des prodigues et des avares, les désinvoltures des avertis et des stupides, les plaisanteries des ignorants et des savants [...], les appétences des mufles et des gloutons, les récits des efféminés et des eunuques et l'effet des femmes et des garçons ». Il décide cependant de s'abstenir « de tout qui est hérétique et s'écarte du droit chemin[3] ». Enfin, al-Ibshihi (m. 1446), auteur du très populaire *Florilège des arts de la désinvolture*, concède que le rire excessif ruine la réputation et nuit à la morale. Mais ce n'est qu'une « faute légère » pardonnable (53 : 32)[4]. En fait, l'*hybris* attire. L'humour immodéré séduit. Mais il peut être fatal. En atteste ce vers du poète Abd al-Qaddus (m. 784), exécuté durant l'inquisition des penseurs libres dont nous avons parlé : « Il se peut que le Moqué appelle / À la mort de son Moqueur ».

Dès le VIIIe siècle, des générations d'humoristes-folkloristes se sont succédé, une vingtaine de personnages réels ou fictifs[5].

---

1. Jahiz, *Le Livre des avares*, traduction Ch. Pellat, Paris, G.-P. Maisonneuve & Cie, 1951, p. 9.

2. *Ibid.*, p. 10-12.

3. Abu Ishaq al-Husri, *Jama' al-Jawahar* (Recueil d'anecdotes), Beyrouth, Dar al-Jil, 1987, p. 34.

4. Shihab Eddine al-Ibshihi, *Al Mustadhraf* (Florilège), Beyrouth, Maktabat al-hilal, 2000, p. 797-799.

5. Comparer la liste établie par Charles Pellat, « Seriouness and Humor in Early Islam », *Islamic Studies*, vol. 2, n° 3, septembre 1963, p. 353-362

Rosenthal consacre la majeure partie de *Humor in Early Islam* au premier d'entre eux, Ashaab (m. 771), une véritable attraction en son temps. Il était le protégé de Sulayka, la sœur de Hussein Ibn Ali, le fils d'Ali, une femme libre qui enchaînait les amours. Au salon, les femmes « ne se voil[ai]ent pas devant lui ». Il écourtait la prière en disant que la sienne au moins n'était pas encombrée par l'hypocrisie, et parodiait les hadiths en déclinant une chaîne de garants aussi longue et plausible que celle prétendument valide des hadiths consacrés[1].

Voici le portrait d'un personnage pour qui transgresser le sacré est jubilatoire. Appelé Abu al-Kacem al-Baghdadi, insulteur public – un métier à plein temps –, c'est un lettré libertin, probablement du milieu du XIe siècle, qui a grandi en vivant dans la fainéantise à Bagdad, ville sophistiquée et raffinée. Rondelet, il a la barbe blanche, le visage rougeâtre et les yeux désaxés, en rotation permanente. À la fois viril et efféminé, il se vautre dans la débauche. Habile dans l'éloge et inégalable dans l'injure, il est servi par une faconde d'exception. L'auteur du récit qui le met en scène déplie un cycle de vingt-quatre heures de la vie de ce libertin[2]. Sa journée commence à neuf heures du matin. Première scène : il entre dans la demeure d'un homme du monde où, se faisant passer pour un fakir épuisé par l'ascèse, il s'invite au salon rempli d'invités de marque autour du maître de céans. Tout

(notamment p. 357) à celle de Franz Rosenthal, *Humor in Early Islam*, Leyde, Brill, 2011, p 6-16.

1. Franz Rosenthal, *Humor in Early Islam, op. cit.*, p. 116-117.

2. On ignore tout de cet auteur. Nous nous appuyons sur la version arabe, Abu-Mutahhar al-Azdi, *Le récit d'Abi al-Kacem al-Baghdadi*, Bagdad, Mathna, 1967 (1re édition), que nous comparons à la traduction de René Khawam au titre malheureux : Abou-Moutahhar al-Azdi, *Vingt-quatre-heures de la vie d'une canaille*, Paris, Phébus, 1998, p. 24-27 (quelques éléments biographiques). Pour une analyse de l'œuvre, voir Évelyne Larguèche, « L'injure mise en scène. À propos d'un "insulteur public" dans la société bagdadienne du XIe siècle », *Revue des mondes musulmans et de la Méditerranée*, n° 103-104, 2004, p. 251-268.

entier livré à la récitation de la prière, il marmonne des versets du Coran sur la dévotion de ces hommes que « Nul négoce et nul troc ne distraient du souvenir de Dieu, de la prière et de l'aumône » (24 : 37-38). À peine l'un des présents esquisse-t-il un sourire qu'Abu al-Kacem l'apostrophe : « Comment oses-tu céder à la joie alors qu'on a tué Hussein ! » (fils d'Ali et petit-fils de Muhammad, assassiné à Karbala en 680). Puis l'assistance ainsi brutalisée, il s'en va.

À dix heures, il s'en prend à une assemblée de chanteurs. À onze heures, il s'improvise conseiller aux affaires de ce monde. Aux riches il recommande de dilapider leur fortune et aux pauvres de ne pas honorer leurs dettes. Aux fornicateurs de mélanger les femmes de condition libre et les esclaves, les vieillardes et les éphèbes imberbes. À midi, il parle des chevaux de race, une heure plus tard, de parfum et des tissus. Il consacre l'après-midi à faire l'éloge du vin, de la musique, de la poésie, de l'amour courtois, des chanteuses-danseuses et des damoiseaux. La randonnée se poursuit après une collation. Ivre mort à trois heures du matin, il mêle, dans une maison close, les grossièretés et les versets du Coran. À cinq heures, il est conquis par le sommeil. Réveillé à neuf heures du matin, il boucle les vingt-quatre heures comme il les avait commencées : en récitant les versets qui font l'éloge des hommes pieux, en maudissant ceux qui avaient ri la veille et en rappelant la mort de Hussein à Karbala. En larmes, il se couvre de son manteau persan et quitte la scène, après une ultime saillie contre un grossier personnage qui a osé l'importuner : « Malheur à toi ! Je suis le feu de la discorde, le fondateur du royaume des ruses, le rédacteur du premier chapitre du Livre de la contestation. Oui ! Je suis le Pharaon d'Égypte, Nemrod fils de Canaan, le Satan incirconcis, je suis le Siècle déraciné, la dévastation permanente, le Cor du combat, le radeau de Dieu sur l'océan en furie. Je suis la Destinée. Je suis le Grand temps. Vois mon visage ! Il restera inchangé jusqu'à l'heure du Jugement. »

Table

RÉALISATION : NORD COMPO À VILLENEUVE-D'ASCQ
ACHEVÉ D'IMPRIMER : NORMANDIE ROTO IMPRESSION À LONRAI
DÉPÔT LÉGAL : OCTOBRE 2023. N° 138606 (2303755)
IMPRIMÉ EN FRANCE